基础会计

(第二版)

主　编　李国生
副主编　陈菡妍　梁兆光　张　蓓
编　委　冯秀妮　孙秀萍　罗永跃

立信会计出版社
LIXIN ACCOUNTING PUBLISHING HOUSE

图书在版编目(CIP)数据

基础会计/李国生主编. —2版. —上海：立信会计出版社，2015.1(2023.8重印)
中职教育"十二五"规划教材
ISBN 978-7-5429-4537-2

Ⅰ.①基… Ⅱ.①李… Ⅲ.①会计学—中等专业学校—教材 Ⅳ.①F230

中国版本图书馆CIP数据核字(2015)第019049号

责任编辑　　王斯龙
封面设计　　周崇文

基础会计(第二版)
JICHU KUAIJI

出版发行	立信会计出版社			
地　　址	上海市中山西路2230号	邮政编码	200235	
电　　话	(021)64411389	传　　真	(021)64411325	
网　　址	www.lixinph.com	电子邮箱	lixinph2019@126.com	
网上书店	http://lixin.jd.com	http://lxkjcbs.tmall.com		
经　　销	各地新华书店			
印　　刷	上海万卷印刷股份有限公司			
开　　本	787毫米×1092毫米 1/16			
印　　张	12.5			
字　　数	270千字			
版　　次	2015年1月第2版			
印　　次	2023年8月第5次			
书　　号	ISBN 978-7-5429-4537-2/F			
定　　价	25.00元			

如有印订差错，请与本社联系调换

前言
FOREWORD

进入21世纪以来,会计职业教育的相关因素发生了一系列变化。表现在:一是学生文化基础薄弱,二是中等职业学校学制向"2+1"教学模式发展,三是学生的模仿能力较强。为适应这种实际情况的变化,结合新颁布的《企业会计准则》《企业会计准则——应用指南》(2006年)、《会计从业资格实施办法》和有关财经法规的规定,我们编写了这本《基础会计》教材,同时,编写了与教材章节相配套的技能实训《基础会计习题与实训》。

本书共分为12章,主要内容包括会计核算的基本知识和理论、会计核算的7项基本方法、会计处理程序及相关的基本技能和常识。

本书具有以能力为本位,注重培养学生的动手能力;理论突出要点,语言通俗易懂,言简意明;内容切合实际,练习和实训与教材相配套等特点。

本次改版采纳了授课教师提出的合理修改意见,对部分内容进行了增删,章节编排也做了适当的调整,并参考2014年会计从业资格考试大纲的要求,涵盖了其主要考试要点。本教材配套相应的电子教案,使用的学校或教师,请在立信会计出版社网站下载或向编者索取。编者联系邮箱:397736296@qq.com。

由于编者水平有限,时间比较紧迫,错漏之处在所难免,敬请各位读者批评指正。

本书配套实训资料由立信会计出版社另行出版。

编　者

2015 年 1 月

目录 CONTENTS

- 第一章　**总论** ··· 001
  - 第一节　会计的概念与目标 ································ 001
  - 第二节　会计的职能与方法 ································ 005
  - 第三节　会计基本假设与会计基础 ························ 009
  - 第四节　会计信息的使用者及质量要求 ·················· 010
  - 第五节　会计准则体系 ····································· 012
  - 第六节　会计核算的具体内容与一般要求 ··············· 012

- 第二章　**会计要素与会计等式** ··························· 016
  - 第一节　会计要素 ·· 016
  - 第二节　会计等式 ·· 022

- 第三章　**会计科目和账户** ································· 026
  - 第一节　会计科目 ·· 026
  - 第二节　账户 ·· 029

- 第四章　**会计记账方法** ···································· 032
  - 第一节　会计记账方法的种类 ···························· 032
  - 第二节　借贷记账法 ······································· 033

- 第五章　**借贷记账法下主要经济业务的账务处理** ··· 045
  - 第一节　企业主要经济业务 ······························ 045
  - 第二节　资金筹集业务的账务处理 ······················ 045
  - 第三节　固定资产业务的账务处理 ······················ 050
  - 第四节　材料采购业务的账务处理 ······················ 054
  - 第五节　生产业务的账务处理 ···························· 061
  - 第六节　销售业务的账务处理 ···························· 068

	第七节	期间费用的账务处理 …………………………… 072
	第八节	利润形成与分配业务的账务处理 ………… 076
	第九节	投资和资金退出的账务处理 ………………… 084

第六章　成本计算 …………………………………… 089
第一节　成本计算的意义和要求 ……………………… 089
第二节　成本的构成和计算 …………………………… 091

第七章　会计凭证 …………………………………… 096
第一节　会计凭证概述 ………………………………… 096
第二节　原始凭证 ……………………………………… 097
第三节　记账凭证 ……………………………………… 101
第四节　会计凭证的传递和保管 ……………………… 107

第八章　会计账簿 …………………………………… 110
第一节　会计账簿概述 ………………………………… 110
第二节　会计账簿启用与登记要求 …………………… 113
第三节　会计账簿的格式和登记方法 ………………… 114
第四节　对账和结账 …………………………………… 118
第五节　错账查找与更正的方法 ……………………… 120
第六节　会计账簿的更换与保管 ……………………… 123

第九章　账务处理程序 ……………………………… 124
第一节　账务处理程序概述 …………………………… 124
第二节　记账凭证账务处理程序 ……………………… 125
第三节　汇总记账凭证账务处理程序 ………………… 138
第四节　科目汇总表账务处理程序 …………………… 140

第十章　财产清查 …………………………………… 146
第一节　财产清查概述 ………………………………… 146
第二节　财产清查的方法 ……………………………… 148
第三节　财产清查结果的处理 ………………………… 151

第十一章　财务报表 ………………………………… 157
第一节　财务会计报告概述 …………………………… 157
第二节　资产负债表 …………………………………… 161

第三节 利润表 …………………………………… 166
第四节 现金流量表 ………………………………… 169
第五节 会计报表附注 ……………………………… 173
第六节 财务报表分析 ……………………………… 174

□ 第十二章 **会计档案和会计工作组织** ………………………… 180
第一节 会计档案 …………………………………… 180
第二节 会计工作组织 ……………………………… 184

第一章 总论

本章主要阐述会计的涵义、会计基本假设、会计基础、会计信息质量要求、会计核算方法等会计基本理论,以及会计核算的具体内容和一般要求。本章要求初步掌握解决会计是什么,会计做什么,会计怎么做,会计做得怎么样等问题。

第一节 会计的概念与目标

一、会计的概念与特征

(一)会计的概念

会计概念的内涵和外延随着社会政治、社会经济和科学技术的发展而不断丰富,人们对会计的认识也在逐步发展和加深。我们对会计的概念可作如下界定:会计是以货币为主要计量单位,运用一系列专门的技术方法,对企事业单位的经济活动进行连续、系统、全面和综合的核算与监督,并在此基础上对经济活动进行分析、预测和控制,以提供经济信息和提高经济效益的一种管理活动。

以上会计概念中包括三个方面的内容:会计是一种管理活动,是说明会计的本质;对经济活动进行核算和监督,是说明会计的基本职能;以货币计量基本形式,是说明会计的主要特点。

(二)会计的基本特征

(1)会计是一种经济管理活动。会计产生于人们管理社会生产和经济事务的过程,不仅为管理提供各种数据资料,还通过各种方式直接进行管理,如为了实现经营目标而参与经营方案的选择、经营计划的制订、经营活动的控制和评价等。

会计是经济管理的重要组成部分,是适应人类的生产实践和经济管理的客观需要而产生、发展和完善起来的。因此,会计绝不仅限于记账、算账和报账。会计与经济社会密切相关,并随着经济社会的发展而发展。在市场经济条件下,企业间竞争日趋激烈,企业为了生存和发展,防止盲目性,必须对自身的经济活动制订科学可行的计划。因此,会计在核算和监督单位经济活动的同时,必须提供有关计划和预算完成情况的数据资料,并分析其完成或未完成的原因,以便采取措施,改进工作。如果会计核算资料表明计划指标严重脱离实际,或者实际情况比预计的情况有较大的变动,应及时调整计划或预算,使其更有效地指导实际。由此可见,通过会计可加强经济管理,使单位的经济活动达到预期的目标。

(2) 会计是一个经济信息系统。会计是一个经济信息系统。它将一个公司分散的经营活动转化成一组客观的数据,提供有关公司的业绩、问题,以及企业资金、劳动、所有权、收入、成本、利润、债权、债务等信息。向有关方面提供有关信息咨询服务,任何人都可以通过会计提供的信息了解企业的基本情况,并作为其决策的依据。可见,会计是为提高企业和各单位的经济效益,加强经济管理而建立的一个以提供财务信息为主的经济信息系统。

(3) 会计以货币为主要计量单位。会计为了从数量上来核算和监督各企业、机关和事业单位等经济活动的过程,需要运用实物量度(千克、吨、米、台、件等)、劳动量度(劳动日、工时等)和货币量度(元、角、分等)三种计算尺度,但应以货币量度为主。只有借助于统一的货币量度,才能取得经营管理上所必需的连续、系统而综合的会计资料。因此,在会计上,对于各种经济事物即使已按实物量度或劳动量度进行计算和记录,最后仍需要按货币量度加以综合核算。

(4) 会计具有核算和监督的基本职能。会计的基本职能是对经济活动进行核算和监督。一方面要按照会计法规制度的要求,对经济活动进行确认、计量、记录和报告,为经济管理搜集、处理、存储和输送各种会计信息;另一方面要对特定主体的经济活动的合法性、合理性进行考核与评价,并采取措施,施加一定的影响,以实现预期的目标。所以,会计核算是会计工作的基础,会计监督是会计工作质量的保证。会计核算和监督贯穿于会计工作的全过程,是会计工作最基本的职能,也是会计管理活动的重要表现形式。

(5) 会计采用一系列专门方法。为了正确地反映企业的经济活动,会计在长期发展过程中,形成一系列科学实用的专门核算方法。这些专门的核算方法相互联系,相互配合,构成一个完整的核算和监督经济活动过程及其结果的方法体系,是会计管理区别于其他经济管理的重要特征之一。

(三) 会计的发展历程

1. 会计的产生

人类要生存,社会要发展,就要进行物质资料的生产。人们在进行生产活动时,一方面创造物质财富,取得一定的劳动成果;另一方面要有一定的耗费,其中包括投入的人力、物力和财力。在一切社会形态中,人们进行生产活动提高经济效益,以满足生活和生产的需要。为了达到这一目标,就必须对劳动过程进行组织和规划,同时对劳动成果和劳动耗费进行观察、计量、记录和计算,并以计算的结果与以往的结果或他人的结果进行比较和分析。这就是最早的管理,而会计就是顺应管理的要求而产生的。

2. 会计的发展

随着社会经济和科学技术的发展,以及人们对会计需要程度认识的提高,会计本身也经历了由低级向高级、由简单到复杂、由不完善到相对完善的发展过程。会计发展的历史主要经历了三个阶段。

1) 古代会计阶段。

始于原始社会，止于中世纪。在文字产生之后，人类对物质资料的生产与耗费开始了专门的记载，这种与数字相结合的专门记载，就是最初形成的会计。最初的会计只是作为生产职能附带部分，即由生产者在生产时间之外附带地把收入、支出等事项记载下来。只有当社会生产力发展到一定水平，出现剩余产品之后，它才逐渐地从生产职能中分离出来，成为一种独立的职能，成为由专职人员从事的经济管理工作。

尽管会计由脱离生产部门的专职人员担任，但是那时的会计仍然很不成熟，主要方法是单式簿记。我国作为四大文明古国之一，在单式簿记的结账和报账方面作出了突出贡献，发明了"四柱清册"方法，即"旧管＋新收－开除＝实在"。由此可见，当时的会计只是一种简单的记录及计量活动，服务对象主要是单个企业，会计独有的专门方法还远远没有形成，会计还没有形成一门独立的学科。

2) 近代会计阶段。

近代会计是从运用复式簿记开始的。公元13世纪到15世纪，由于地中海沿岸一些城市的商业和手工业兴旺发达，所以科学的借贷记账法就出现在意大利的热那亚、威尼斯等城市。1494年，意大利数学家卢卡·帕乔利在其所著的《算术、几何、比与比例概要》一书中，对复式簿记方法作了比较系统的说明，为复式簿记方法在全世界的广为流传奠定了基础，开创了近代会计的历史新纪元。复式簿记理论上的总结被认为是近代会计发展史上的第一个里程碑。

3) 现代会计阶段。

20世纪50年代以后为现代会计阶段。20世纪50年代，商品经济得到充分发展，企业规模不断扩大，市场竞争更加激烈。股份公司这一企业组织形式得到很快的发展，为保护那些不参与企业经营管理的所有者的利益，在实践中形成了以对外提供信息为主、接受"公认会计原则"约束的财务会计。此外，企业面临多变的市场环境，要想生存并不断地发展壮大，就要建立科学的管理体制与方法，以便具有灵活反映企业经营情况的适应能力和预见能力。顺应这一要求，管理会计逐渐地同传统会计相分离，并形成一个相对独立的领域。管理会计与财务会计的分离，标志着现代会计的开始，会计电算化的出现使会计在操作方法上有了根本性变化。完善的现代会计逐渐形成了。

会计经历了一个从简单到复杂、从低级到高级、从不完善到相对完善的不断发展过程，并成为一门比较严谨的学科。它既是经济管理必不可少的工具，也是经济管理的组成部分。经济越发展，管理就越需要加强，会计就越重要。

二、会计的对象与目标

（一）会计对象

1. 会计的一般对象

会计对象是指会计核算和监督的内容，即会计职能发挥作用的领域和范围。我国会计准则指出，会计应当以社会再生产过程中的经济业务为对象。由于会计核算和监督的内容是特定资产能以货币反映的经济活动，也就是资金运动，所以会计的一般对象是社会再生产过程中的资金运动,而组成社会再生产的各个经济实体的个别资金运动则构成会计的具体对象。

2. 会计的具体对象

企业与行政事业单位由于工作性质和任务不同,它们的资金运动方式也不同。资金运动包括资金投入、资金循环周转和资金退出三个基本环节,而具体到企业与行政事业单位又有较大差异。下面分别进行阐述。

1) 企业的资金运动。

无论是工业企业还是商品流通与服务企业,它们都要进行生产经营活动,并且要追求盈利,其资金运动是一种周转式运动。这里以工业企业为例,说明企业资金运动方式的特征。

(1) 资金投入。资金投入就是企业通过投资者投入和向债权人借入的方式取得资金进行生产。企业要进行生产经营,必须具备一定的物质条件,如货币资金、原材料、设备和房屋等。这些资产通过所有者和债权人的投资进入企业,实现了资金投入。

(2) 资金的循环与周转。资金在循环周转中要按顺序经过供应过程、生产过程和销售过程,并相应采取货币资金、生产资金和成品资金三种形态:①供应过程是生产准备过程,企业用货币资金购置厂房、机器设备和材料等并储备待用。资金由货币资金形态转化储备资金和固定资金;②生产过程是劳动者对劳动对象进行加工,形成成品的过程。通过材料领用、工资计算和固定资产折旧,储备资金转化为生产资金,产品完工入库,生产资金转化为成品资金;③销售过程是产品价值实现的过程。成品资金通过产品销售又转化为货币资金。

资金从货币资金形态开始经过供、产、销三个过程,依次转化为储备资金、生产资金和成品资金形态,最后又回到货币资金形态的全过程,称为资金循环。资金周而复始的循环,称为资金周转。在资金周转的过程中,作为起点与终点的货币资金不相等,其差额形成企业利润或亏损。

(3) 资金退出。企业资金由于偿还各种债务、上缴各项税金和向所有者分配利润等方式而不再参与周转,就退出了企业。

以上三个阶段构成了开放式运动形式,是相互支持、相互制约的统一体。没有资金的投入就不会有资金的循环与周转;没有资金的循环与周转,就不会有债务的偿还、税金的上缴和利润的分配等;没有资金的退出,就不会有新一轮的资金投入,就不会有企业的发展壮大。工业企业的资金运动过程如图 1-1 所示。

2) 行政事业单位的资金运动。

行政事业单位包括行政单位和事业单位。前者是执行国家管理职能的单位,后者被视为为上层建筑和物质生产部门服务的单位。一般来说,行政事业单位都是非营利单位。它们从事业务工作所需的资金,或者全部由财政拨款解决,或者部分由财政预算解决,部分由其他方面收入解决。拨款收入和其他收入都是为了满足业务工作所必需的支出。收入是支出的前提,资金支出后,资金运动也就结束,不会循环周转。我们称这种从收入到支出的运动方式为单向直线运动。这是绝大多数行政事业单位资金运动的特征。

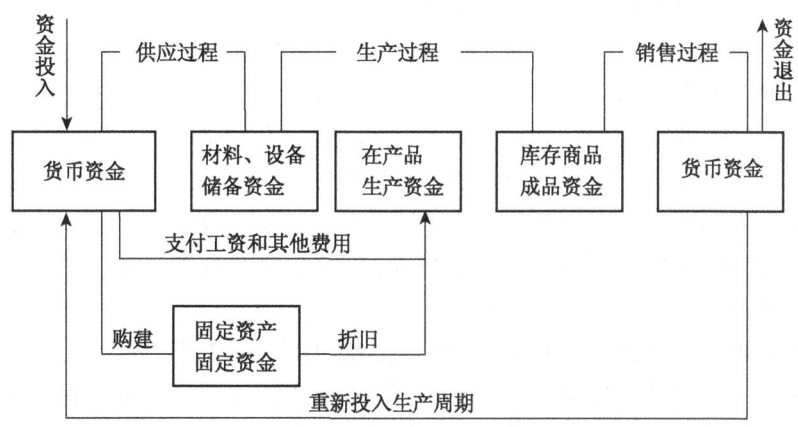

图 1-1 工业企业的资金运动过程

（二）会计目标

会计目标也称会计目的,是要求会计工作完成的任务或达到的标准,即向财务会计报告使用者提供与企业财务状况、经营成果和现金流量等有关的会计信息,反映企业管理层受托责任履行情况,有助于财务会计报告使用者作出经济决策。会计目标指明了会计实践活动的目的和方向,同时也明确了会计在经济管理活动中的使命,成为会计发展的导向。

第二节 会计的职能与方法

一、会计的职能

会计的职能是指会计在经济管理工作中所具有的功能。会计刚产生时仅有核算的职能,随着会计的发展,逐渐又具有监督的职能。会计的职能是随着会计的产生而产生,并随着会计的发展而发展的。

（一）基本职能

1. 核算职能

会计核算职能又称以货币反映职能,通过对经济活动进行确认、计量、记录、汇总和报告,将经济活动的内容转换成会计信息的功能。会计核算是会计最基本的职能,也是全部会计管理工作的基础。会计核算职能具有以下三个特点:

(1) 会计核算以货币作为主要量度。在会计核算过程中,往往要运用货币量度、实物量度和劳动量度,从数量上来反映不同的经济活动的内容。但是在商品经济的条件下,实物量度缺乏综合反映的功能;劳动耗费也无法广泛地利用劳动量度进行计量;而货币是特殊的商品,具有价值尺度的功能,能综合反映经济活动的过程和结果。因此,会计核算是以货币作为主要量度,而实物量度和劳动量度仅能作为辅助量度。

(2) 会计核算以真实、合法的原始凭证为依据。单位发生经济业务后,必须填制或取得原始凭证,会计核算时必须按照国家统一的会计制度的规定,对原始凭证进行审核,只有真实、合法的原始凭证才能进行会计核算,从而反映真实可靠的会计信息。

(3)会计核算具有连续性、系统性和完整性。会计核算的连续性是指对各种经济业务应按其发生的时间先后顺序,依次连续地进行记录,不能中断;会计核算的系统性是指对各项经济业务既要进行相互联系的记录,又要进行科学的分类,以提供各种管理所需的会计数据;会计核算的完整性是指对所有的经济业务都必须进行记录,不能有所遗漏。只有连续、系统、完整地进行会计核算,才能系统、全面、真实地反映各单位的经济活动情况。

2. 监督职能

会计监督职能又称会计控制职能,是指控制、规范单位经济活动的运行,使其达到预定目标的功能。会计监督是全部会计管理工作的核心,与会计核算有着密切的联系,会计监督有监督经济活动的合法性与合理性两个方面。

(1)监督经济活动的合法性

会计要监督经济活动是否符合国家的财经政策和财经纪律,监督会计是否符合我国《会计法》和《企业会计制度》的规定,监督会计核算反映的会计信息是否真实、完整。监督经济活动的合法性具有强制性、严肃性和权威性,它监督人们是否遵守国家制定的法令和政策。

(2)监督经济活动的合理性

会计要监督经济活动是否按照事先确定的财务目标和编制各项定额、预算运行,及时反馈脱离预算的偏差,并及时采取措施予以调整。监督好经济活动的合理性,必须要预先制定先进的、切实可行的定额。预算作为监督控制的标准,要有能及时、准确地反馈会计信息的方法和手段,还要有能灵活地调节脱离定额、预算偏差的机制。

会计核算和会计监督是会计的两个基本职能,其他职能都是在这两大基本职能的基础上发展而来的,会计的两个基本职能是相辅相成的。会计核算是进行会计监督的基础,只有对经济活动进行正确的核算,会计监督才能取得预期的效果。只有做好会计监督,才能使经济活动按预期的目的运行,更好地发挥会计核算的作用,提高会计信息质量。

(二)拓展职能

会计的拓展职能主要有:①预测经济前景;②参与经济决策;③评价经营业绩。

二、会计核算方法

(一)会计核算方法体系

会计方法是指用来反映和监督会计对象,执行会计职能,实现会计目标所使用的各种手段。会计方法包括会计核算方法、会计分析方法和会计检查方法。

会计核算的方法是对各单位已经发生的经济活动进行连续、系统、完整的反映和监督所应用的方法。

会计分析的方法主要是利用会计核算的资料,考核并说明各单位经济活动的效果,在分析过去的基础上,提出指导未来经济活动的计划、预算和备选方案,并对它们的报告结果进行分析和评价。

会计检查方法,亦称审计,主要是根据会计核算,检查各单位的经济活动是否合理、合法,会计核算资料是否真实正确,根据会计核算资料编制的未来时期计划、预算是否可行、有效等。

上述各种会计方法是广义的会计方法,它们紧密联系,相互依存,相辅相成,形成了一个完整的会计方法体系。其中,会计核算方法是基础,会计分析方法是会计核算方法的继续和发展,会计检查方法是证实会计核算方法和会计分析方法的保证。

作为广义的会计方法,它们既相互联系,又有相对的独立性。它们所应用的具体方法各不相同,并有各自的工作和研究对象,形成了较独立的学科。学习会计首先应从基础开始,即要从掌握会计核算方法入手,而且,通常所说的会计方法,一般是指狭义的会计方法,即会计核算方法。在基础会计学课程中主要学习会计核算方法,至于会计分析方法、会计检查方法以及其他会计方法将在以后的专业课中陆续学习。

会计核算方法是对会计对象进行连续、系统、全面、综合地反映和监督的业务技术方法。它偏重于对已经发生的经济业务进行确认、计量、记录、计算、分类和报告。它主要包括设置账户、复式记账、填制和审核会计凭证、登记账簿、成本计算、财产清查和编制财务会计报表。

1. 设置账户

设置账户是对会计核算的具体内容进行分类核算和监督的一种专门方法。由于会计对象的具体内容是复杂多样的,要对其进行系统核算和经常性监督,就必须对业务进行科学的分类,以便分门别类地、连续地记录,据以取得多种不同性质、符合经营管理所需要的信息和指标。

2. 复式记账

复式记账是指对所发生的每项经济业务,以相等的金额,同时在两个或两个以上相互联系的账户中进行记录的一种记账方法。例如,从银行存款中提取现金,一方面要记录现金的增加,另一方面要记录银行存款的减少,并且记录在两个账户中的金额应相等。这样就能科学、全面地反映出资金的增减变化。采用复式记账方法,可以全面、清晰地反映每一笔经济业务的来龙去脉,检查有关业务的记录是否正确,而且可以防止差错和便于检查账簿记录的正确性和完整性,是一种比较科学的记账方法。

3. 填制和审核凭证

正确审核会计凭证可以为经济管理提供真实可靠的数据资料,是做好会计工作的前提,也是实行会计监督的一个重要方面。会计凭证是记录经济业务和明确经济责任的书面证明。会计凭证分为原始凭证和记账凭证。对于已经发生的经济业务,都必须由经办人或单位如实正确填制原始凭证并签名盖章。所有原始凭证都要经会计部门和其他有关部门审核。只有审核批准无误的原始凭证才能作为填制记账凭证和登记账簿的依据。因此,填制和审核凭证是保证会计资料真实性、正确性的有效手段。

4. 登记账簿

登记账簿简称记账,是以审核无误的会计凭证为依据在账簿中分类、连续并完整地记录各项经济业务,并定期进行结账、对账,以便为经济管理提供完整、系统的会计核算资料。账簿记录是重要的会计资料,为编制会计报表提供完整而又系统的会计数据,是进行会计分析、会计检查的重要依据。

5. 成本计算

成本计算是按照一定对象归集和分配生产经营过程中发生的各种费用,以便确定各对象的总成本和单位成本的一种专门方法。正确地进行成本计算,可以确定材料的采购成本、产品生产成本和销售成本,了解成本水平,为成本分析提供资料;可以考核生产经营过程的费用支出水平,反映和监督各项费用的发生是否符合节约原则;为企业进行经营决策,提供重要数据。

6. 财产清查

财产清查是指通过盘点实物,核对账目,以查明各项财产物资实有数额的一种专门方法。若在财产清查时发现账实不符,应查明原因,明确责任,通过批准手续调整账目,使账实相符。通过财产清查,可以提高会计记录的正确性,保证账面结存与实存数相符。同时,还可以查明各项财产物资的保管和使用情况以及各种结算款项的执行情况,以便对积压或毁损的物资和逾期未收到的款项,及时采取措施,进行清理和加强对财产物资的管理。

7. 编制财务会计报告

编制财务会计报告是根据账簿记录,定期、总括地反映企业在一定时期财务状况和经营成果的一种专门方法。财务会计报告主要以账簿中的记录为依据,经过一定形式的加工整理,产生一套完整的核算指标,是用来考核、分析财务计划和预算执行情况以及编制下期财务预算的重要依据。

以上会计核算的7种方法,虽各有特定的含义和作用,但并不是独立的,而是相互联系、相互依存、相互制约的。它们构成了一个完整的方法体系。在会计核算中,应正确地运用这些方法。一般在经济业务发生后,按规定的手续填制和审核凭证,并应用复式记账在有关账簿中进行登记;会计期末还要对生产经营过程中发生的费用进行成本计算和财产清查,在账证、账账和账实相符的基础上,根据账簿记录编制财务会计报告。

这7种会计核算方法之间的关系如图1-2所示。

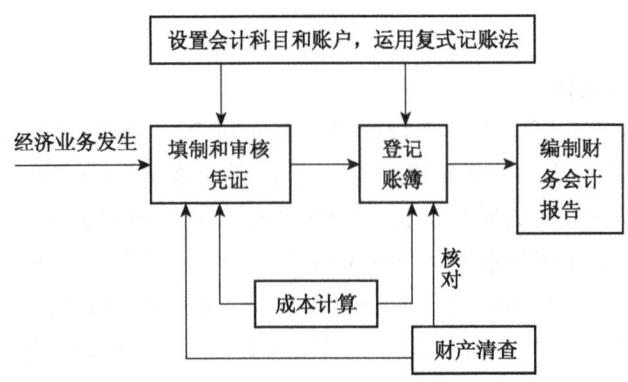

图1-2 7种会计核算方法之间的关系

(二) 会计循环

会计循环是指按照一定的步骤反复运行的会计程序。从会计工作流程看，会计循环由确认、计量和报告等环节组成；从会计核算的具体内容看，会计循环由填制和审核会计凭证、设置会计科目和账户、复式记账、登记会计账簿、成本计算、财产清查、编制财务会计报告等组成。填制和审核会计凭证是会计核算的起点。

第三节 会计基本假设与会计基础

一、会计基本假设

会计基本假设也称会计基本前提。它是企业会计确认、计量和报告的前提，是对会计核算所处的时间和空间环境所作的合理假设，即对会计领域里某些无法加以论证的事物，根据客观的、正常的情况和趋势经过逐步认识所作的合理的判断。如为了及时计算企业的损益情况，就有必要将企业的生产过程人为地划分为一定期间；为了反映企业的经营情况，就有必要选择确立一定的计量单位等等。会计基本假设包括会计主体、持续经营、会计分期和货币计量四个内容。

1. 会计主体

会计主体是指会计信息所反映的单位，一个会计主体是一个独立的经济实体，企业作为一个会计的主体，应独立地记录和核算企业本身各项生产经营活动，而不能核算、反映企业投资者或者其他经济主体的经济活动。

2. 持续经营

持续经营是指企业应当以持续、正常的生产经营活动为前提。一般来说，应当假定企业将会按当前的规模和状态继续经营下去，不考虑停业破产、清算因素，使之对资产能够按照历史成本计价和折旧，费用能够定期进行分配，负债能够按期偿还，否则正常的核算就无法进行。

3. 会计分期

会计分期是指企业在持续经营期间的经营活动，人为地将其等距离划分为一定期间，定期确立收入、费用和利润、资产、负债和所有者权益，以便结算账目，编制会计报表和对会计信息进行比较和分析。会计期间分为年度、半年度、季度和月度，其起讫的日期按公历日期计算。

4. 货币计量

货币计量是指企业在会计核算过程中以货币作为计量单位，使企业的生产经营活动统一地表现为货币运动，能全面地反映企业的财务和经营成果。货币计量假设在以货币为计量的基础上，还必须假设币值不变或者基本不变。

在我国，会计核算以人民币为记账本位币。业务收支以外币为主的企业，也可以选定某种外币为记账本位币，但编制财务会计报告应当折算为人民币反映。

在境外设立的中国企业向国内有关部门报送财务会计报告,应当折算为人民币反映。

二、会计基础

1. 权责发生制

企业会计的确认、计量和报告应当以权责发生制为基础。

权责发生制要求:凡是当期已经实现的收入和已经发生或应当负担的费用,不论款项是否收付,都应作为当期的收入和费用处理;凡是不属于当期的收入和费用,即使款项已经在当期收付,也不应作为当期的收入和费用,即日常所说的应收应付制。

2. 收付实现制

收付实现制是与权责发生制相对应的一种会计基础。它是以收到或支付的现金作为确认收入和费用的依据。目前,我国的行政事业单位一般采用收付实现制。

第四节 会计信息的使用者及质量要求

一、会计信息的使用者

会计信息的需求者主要分为投资者、债权人、会计师事务所、国家宏观管理部门和企业管理当局等。

1. 投资者

投资者需要通过会计信息了解评价企业经济效益和发展趋势,以便作出继续投资还是放弃投资的决定。

2. 债权人

企业经营资金不足,可以从银行等金融机构借款,这样银行与企业就形成了债务关系。资金如果是银行的,银行就是债权人。银行贷款给企业,就需要了解企业的偿债能力,以防止贷款呆滞的发生。

3. 会计师事务所

会计师事务所属于社会公证机构,上市企业的会计报表必须经注册会计师审核,然后才可以向社会披露。

4. 宏观经济管理部门

宏观经济管理部门包括财政、税务、审计、证券监管、统计等部门,这些部门需要了解企、事业财务状况,以便进行宏观调控和决策。

财政部门通过会计信息了解经济发展是否平衡,以便做好资金分配,合理配置资源。

税务部门通过会计信息了解企业盈亏情况,税金是否及时足额缴纳。

证券监管部门需要通过会计信息了解企业受托责任的履行情况、会计信息是否真实可靠、有无误导消费者和侵害中小股东利益情况,以便加强监管。

统计部门需要通过会计信息,汇总计算各项经济指标,为中央、地方政府了解经济发展情况,进行科学规划和宏观决策服务。

5. 企业管理当局

企业管理当局,主要是指公司董事会、监事会、总经理以及公司计划、财务、市场营销、生产技术等部门。他们通过会计资料分析考核生产经营过程,预测经济前景,控制生产经营活动,改善经营管理,科学决策,提高经济效益。

二、会计信息质量要求

1. 可靠性

企业应当以实际发生的交易或者事项为依据进行会计确认、计量和报告,如实反映符合会计确认和计量要求的各项会计要素及其他相关信息,保证会计信息真实可靠、内容完整。

2. 相关性

企业提供的会计信息应当与财务会计报告使用者的经济决策需要相关,有助于财务会计报告使用者对企业过去、现在或者未来的情况做出评价或者预测。

3. 可理解性

企业提供的会计信息应当清晰明了,便于财务会计报告使用者理解和使用。

4. 可比性

企业提供的会计信息应当具有可比性。

同一企业在不同时期发生的相同或者相似的交易或者事项,应当采用一致的会计政策,不得随意变更。确需变更的,应当在附注中说明。

不同企业发生的相同或者相似的交易或者事项,应当采用规定的会计政策,确保会计信息口径一致、相互可比。

5. 实质重于形式

企业应当按照交易或者事项的经济实质进行会计确认、计量和报告,不应仅以交易或者事项的法律形式为依据。

6. 重要性

企业提供的会计信息应当反映与企业财务状况、经营成果和现金流量等有关的所有重要交易或者事项。

7. 谨慎性

企业对交易或者事项进行会计确认、计量和报告应当保持应有的谨慎,不应高估资产或者收益、低估负债或者费用。

8. 及时性

企业对于已经发生的交易或者事项,应当及时进行会计确认、计量和报告,不得提前或者延后。

第五节 会计准则体系

一、会计准则的构成

会计准则是反映经济活动、确认产权关系、规范收益分配的会计技术标准,是生成和提供会计信息的重要依据,也是政府调控经济活动、规范经济秩序和开展国际经济交往等的重要手段。会计准则具有严密和完整的体系。我国已颁布的会计准则有《企业会计准则》、《小企业会计准则》和《事业单位会计准则》。

1. 企业会计准则

我国的企业会计准则体系包括基本准则、具体准则、应用指南和解释公告等。2006年2月15日,财政部发布了《企业会计准则》,自2007年1月1日起在上市公司范围内施行,并鼓励其他企业执行。

2. 小企业会计准则

2011年10月18日,财政部发布了《小企业会计准则》,要求符合适用条件的小企业自2013年1月1日起执行,并鼓励提前执行。《小企业会计准则》一般适用于在我国境内依法设立、经济规模较小的企业,具体标准参见《小企业会计准则》和《中小企业划型标准规定》。

3. 事业单位会计准则

2012年12月6日,财政部修订发布了《事业单位会计准则》,自2013年1月1日起在各级各类事业单位施行。该准则对我国事业单位的会计工作予以规范。

第六节 会计核算的具体内容与一般要求

一、会计核算的具体内容

会计核算的内容是指特定主体的资金运动,包括资金的投入、资金的循环与周转、资金的退出三个阶段。资金在上述三个阶段的运动,又是通过一系列的经济业务事项来进行的。经济业务事项包括经济业务和经济事项两类。经济业务又称经济交易,是指企业与其他单位和个人之间发生的各种经济利益的交换,如商品销售等。经济事项是指企业内部发生的具有经济影响的各类事件,如计提折旧等。经济业务事项具体包括以下几项内容。

1. 款项和有价证券的收付

款项是作为支付手段的货币资金,主要包括现金、银行存款以及其他视同银行存款使用的外埠存款、银行汇票存款、银行本票存款、信用证存款和各种备用金等。有价证券是指表示一定财产拥有权或支配权的证券,如国库券、股票、企业债券等。款项和有价证券是流动性最强的资产。如果款项和有价证券收付环节出现问题,不仅使企业款项和有价证券受损,更直接影响到企业货币资金的供应,从而影响企业生产经营活动。各企业必须按照国家统一的会计制度的规定,及时、如实地核算款项和有价证券的收付及结存,保证企业货币资金的流通性和安全性,提高货币资金的使用效率。

2. 财物的收发、增减和使用

财物是财产物资的简称,企业的财物是企业进行生产经营活动并且具有实物形态的经济资源,一般包括原材料、燃料、包装物、低值易耗品、在产品、库存商品等流动资产,以及房屋、建筑物、机器、设备、设施、运输工具等固定资产。这些物资在企业资产总额中往往占有很大比重。物资的收发、增减和使用,是会计核算中的经常性业务,也是发挥会计在控制和降低成本、保证财物安全完整、防止资产流失等职能作用的重要方面。因此,各企业必须加强对财物收发、增减和使用环节的核算,维护企业正常的生产经营秩序。

3. 债权、债务的发生和结算

债权是企业收取款项的权利,一般包括各种应收和预付款项等。债务则是指由于过去的交易、事项形成的企业需要以资产或劳务等偿付的现时义务,一般包括各项借款、应付和预收款项以及应交款项等。债权和债务是企业日常生产经营和业务活动中大量发生的经济业务事项。由于债权债务的发生和结算,涉及本企业与其他单位或有关方面的经济利益,关系到企业自身的资金周转,影响着企业的生产经营活动和业务活动,因此,各企业必须及时、真实、完整地核算本企业的债权债务,防止在债权债务环节发生非法行为。

4. 资本的增减

资本是投资者为开展生产经营活动而投入的资金。会计上的资本,专指所有者权益中的投入资本。资本的利益关系人比较明确,用途也基本定向。办理资本增减的政策性强,一般都应以具有法律效力的合同、协议、董事会决议等为依据,各单位必须按照国家统一的会计制度的规定和具有法律效力的文书为依据进行资本的核算。

5. 收入、支出、费用及成本的计算

收入是指企业在销售商品、提供劳务及让渡资产使用权等日常活动中所形成的经济利益的总流入。支出是指企业所实际发生的各项开支以及在正常的生产经营活动以外的支出和损失。费用是指企业为销售商品、提供劳务等日常活动所发生的经济利益的流出。成本是指企业为生产产品、提供劳务而发生的各种耗费,是按一定的产品或劳务对象所归集的费用,是对象化了的费用。收入、支出、费用、成本都是计算和判断企业经营成果及其盈亏状况的主要依据。各企业应当重视收入、支出、费用、成本环节的管理,按照国家统一的会计制度的规定,正确核算收入、支出、费用、成本。

6. 财务成果的计算和处理

财务成果主要是指企业在一定时期内通过从事生产经营活动而在财务上所取得的结果,具体表现为盈利或亏损。财务成果的处理一般包括利润的计算、所得税的计算和交纳、利润分配或亏损弥补等。财务成果的计算和处理,涉及所有者、国家等方面的利益,因此,各单位必须按照国家统一的会计制度和其他法规制度的规定,正确对财务成果进行计算和处理。

7. 需要办理会计手续、进行会计核算的其他事项

需要办理会计手续、进行会计核算的其他事项,也应按照国家统一的会计制度的规定办理会计手续、进行会计核算。

二、会计核算的一般要求

根据《中华人民共和国会计法》(以下简称《会计法》)和国家统一的会计制度的规定,企业在进行会计核算时应遵循以下一般要求:

(1) 各单位必须按照国家统一的会计制度的要求,设置会计科目和账户,复式记账,填制会计凭证,登记会计账簿,进行成本计算、财产清查和编制财务会计报告。

在现行的会计制度中,对企业设置会计科目和账户、复式记账、填制会计凭证、登记会计账簿、计算成本的方法、清查财产以及财务会计报告的编制等均作了具体的规定,企业应当按照统一的会计制度的规定,根据本企业的实际情况,确定应设置的会计科目和账户,确定成本计算方法。

(2) 各单位必须根据实际发生的经济业务事项进行会计核算,编制财务会计报告。

实际发生的经济业务是会计核算的依据,是保证会计信息真实性和可靠性的基础。单位只能以实际发生的真实的经济业务为对象,通过记录经济业务的真实情况,并据以编制财务会计报告。计划的或将要发生的经济业务或交易不得作为会计核算的依据。虚假的经济业务更不能作为会计核算的依据。

(3) 各单位发生的各项经济业务事项应当在依法设置的会计账簿上统一登记、核算。例如,企业为了私设小金库、隐瞒真实财务状况和经营成果、偷逃税款等,设置账外账。

(4) 各单位对会计凭证、会计账簿、财务会计报告和其他会计资料应当建立档案,妥善保管。财政部制定发布《会计档案管理办法》,对包括会计凭证、会计账簿、财务会计报告和其他会计资料的保管归档等作出了具体的规定,企业单位应当按照这些规定进行会计档案的管理。

(5) 使用电子计算机进行核算的,其会计软件及其生成的会计凭证、会计账簿、财务会计报告和其他会计资料,也必须符合国家统一的会计制度的规定。

根据《会计法》的规定,财政部制定并发布了《会计电算化管理办法》、《会计核算软件基本功能规范》等一系列相关的法规,对单位使用会计核算软件、软件生成的会计资料、采用电子计算机代替手工记账、电算化会计档案保管等会计电算化工作作出了明确而具体的规范。

（6）会计记录的文字应当使用中文。在民族自治的地方，会计记录可以同时使用当地通用的一种民族文字。在中华人民共和国境内的外商投资企业、外国企业和其他外国组织的会计记录可以同时使用一种外国文字。

复习思考题

1. 简述会计基本概念和特点。
2. 简述会计的基本职能。通过对相关知识学习，你认为会计的基本职能会得到进一步扩展吗？
3. 试述工业企业的资金运动。
4. 明确会计基本假设对会计核算有何作用。
5. 会计核算包括哪些专门方法？试述它们之间的关系。

第二章 会计要素与会计等式

会计对象是会计核算和会计监督的内容,会计要素是会计对象要素的简称,即对会计对象的内容所作的基本分类,是会计理论结构的基础概念。本章从会计要素的概念入手,以生产产品的工业企业为例,揭示出会计对象的六大要素,并在阐述理论的同时,对其增减变动的情况进行定量分析。本章要求掌握会计要素的具体内容,理解会计恒等式的基本平衡原理及其重要意义。

第一节 会 计 要 素

一、会计要素的含义与分类

1. 会计要素的含义

会计要素就是对会计对象的基本分类,是会计核算对象的具体化。会计要素作为反映企业财务状况和经营成果的基本单位,又是会计报表的基本构件。

2. 会计要素的分类

我国《企业会计准则》将会计要素分为资产、负债、所有者权益、收入、费用和利润。这些会计要素可以划分为两大类(如图 2-1 所示),即反映财务状况的会计要素和反映经营成果的会计要素。反映财务状况的会计要素包括资产、负债和所有者权益;反映经营成果的会计要素包括收入、费用和利润。我国《企业财务报告条例》对会计要素加以严格定义,为会计核算奠定了坚实的基础。

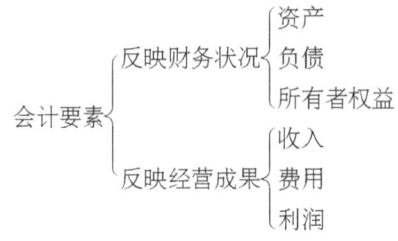

图 2-1 会计要素种类

二、会计要素的确认

(一) 资产

1. 资产的含义与特征

资产是指企业过去的交易或者事项形成的、由企业拥有或者控制的、预期会给企业带来经济利益的资源。

资产的特征：①资产必须是企业过去的交易或者事项形成的，包括购买、生产、建造行为或其他交易或者事项。预期在未来发生的交易或者事项不形成资产。②由企业拥有或者控制，是指企业享有某项资源的所有权，或者虽然不享有某项资源的所有权，但该资源能被企业所控制。③预期会给企业带来经济利益，是指直接或者间接导致现金和现金等价物流入企业的潜力。

2. 资产的确认条件

将一项资源确认为资产，需要符合资产的定义，还应同时满足以下两个条件：①与该资源有关的经济利益很可能流入企业；②该资源的成本或者价值能够可靠地计量。

3. 资产的分类

资产分为流动资产和非流动资产。

1) 流动资产。

流动资产是指企业在1年内(含1年)或长于1年的一个营业周期内变现或者耗用的资产，包括货币资金、交易性金融资产、应收及预付款、存货等。流动资产的一个重要特点是它在参加生产经营活动时，其价值一次转移到产品成本或费用中去。

2) 非流动资产。

(1) 长期投资。长期投资是指不准备在一年内变现的投资，包括持有至到期投资、长期股权投资、投资性房地产等。

(2) 固定资产。固定资产是指使用年限为1年以上，单位价值在规定标准以上，并在使用过程中保持原来实物形态的资产，包括房屋及建筑物、机器设备、运输设备、工具器具等。

(3) 无形资产。无形资产是指能够为企业长期使用而没有实物形态的资产，包括专利权、非专利技术、商标权、著作权、土地使用权、商誉等。

(4) 长期待摊费用。长期待摊费用是指企业发生的不能全部记入当年损益，应当在以后年度内分期摊销的各项费用，包括企业开办费、固定资产修理支出、租入固定资产的改良支出，以及摊销期限在一年以上的其他待摊费用等。

(5) 其他资产。其他资产是指除以上各项之外的资产，企业不能自由支配使用的资产，包括特准储备物资、冻结存款、冻结物资、涉及诉讼中的财产等。

(二) 负债

1. 负债的含义与特征

负债是指企业过去的交易或者事项形成的、预期会导致经济利益流出企业的现时义务。

负债的特征:①是一种现时经济义务。负债的本质是一种现时经济义务。它是由于过去已经发生的经济交易、事项所形成的,是现实存在,并需在未来某一时期偿还的经济义务。②负债对债务人的资产具有要求权,即债务到期必须偿还,一般不能无条件取消,除非债权人主动放弃其权益。③负债必须有能用货币确切计量或合理预计的金额。这个金额就是一个可确定的、到期偿还负债的依据。如果是预计额,需经过合理判断接近实际。④负债偿还的方式有以资产偿还、以提供劳务偿还或者两者兼而有之。

2. 负债的确认条件

将一项现时义务确认为负债,需要符合负债的定义,还应当同时满足以下两个条件:①与该义务有关的经济利益很可能流出企业;②未来流出的经济利益的金额能够可靠地计量。

3. 负债的分类

负债分为流动负债和非流动负债。流动负债包括短期借款、应付票据、应付账款、预收账款、应付职工薪酬、应交税费、应付利息、应付股利、其他应付款等;非流动负债包括长期借款、应付债券、长期应付款等。

1) 流动负债。

流动负债是指将在1年或者长于1年的一个营业周期内偿付的债务,包括短期借款、应付票据、应付账款、预收账款、应付职工薪酬、应交税费、应付利息、应付利润、其他应付款等。

(1) 短期借款是指企业借入的还款期限在一年或超过一年的一个营业周期内的各种借款。例如,工业生产周转借款、临时借款等。

(2) 应付票据是指企业在生产经营过程中对外发生债务时所承兑的汇票,包括银行承兑汇票和商业承兑汇票。

(3) 应付账款是指企业生产经营过程中因购买材料、商品和接受劳务供应等应支付的款项。

(4) 预收账款是指企业按照合同规定向购货单位预收的款项。

(5) 应付职工薪酬是指企业根据有关规定应付职工的各种薪酬。

(6) 应交税费是指企业按照税法规定应交纳的各种税费,包括增值税、营业税、消费税、营业税、所得税、资源税、土地增值税、城市维护建设税、房产税、土地使用税、车船使用税、教育费附加、矿产资源补偿费及企业代交的个人所得税等。

(7) 应付利息是企业按照合同约定应支付的利息。包括吸收存款、分期付息到期还本的长期借款、企业债券等应支付的利息。

(8) 应付股利是指企业应支付给投资者的现金股利或利润。

(9) 其他应付款是指除应付票据、应付账款、预收账款、应付职工薪酬、应交税费、应付利息、应付股利、长期应付款以外的其他各项应付、暂收的款项。

2) 非流动负债。

非流动负债是指偿还期在1年或者超过1年的一个营业周期以上的各种债务,包括长期借款、应付债券、长期应付款等。

（1）长期借款是指企业向银行等金融机构或其他单位借入的,归还期限在1年以上(不含1年)的各种借款。长期借款一般用于固定资产购建、固定资产改扩建工程及固定资产大修理工程以及流动资产的正常需要等方面。

（2）应付债券是指企业为筹集长期使用的资金对外发行的一种还款期在1年以上的书面凭证。

（3）长期应付款是指企业除长期借款、应付债券以外的其他各种长期应付款项。例如,应付融资租入固定资产的租赁费、以分期付款方式购买固定资产等发生的应付款项等。

非流动负债是企业向债权人筹集的可供长期使用的一种资本来源。同流动负债相比,非流动负债的特点是数额较大,偿还期限较长。

（三）所有者权益

1. 所有者权益的含义及特征

所有者权益是指企业资产扣除负债后由所有者享有的剩余权益。公司的所有者权益又称为股东权益。

所有者权益具有以下特征:①除非发生减资、清算或分派现金股利,企业不需要偿还所有者权益;②企业清算时,只有在清偿所有的负债后,所有者权益才返还给所有者;③所有者凭借所有者权益能够参与企业利润的分配。

2. 所有者权益的确认条件

所有者权益的确认、计量主要取决于资产、负债、收入、费用等其他会计要素的确认和计量。所有者权益在数量上等于企业资产总额扣除债权人权益后的净额,即为企业的净资产,反映所有者(股东)在企业资产中享有的经济利益。

3. 所有者权益的分类

所有者权益的来源包括所有者投入的资本、直接计入所有者权益的利得和损失、留存收益等,具体表现为实收资本(或股本)、资本公积(含资本溢价或股本溢价、其他资本公积)、盈余公积和未分配利润。

所有者投入的资本是指所有者投入企业的资本部分,它既包括构成企业注册资本(实收资本)或者股本部分的金额,也包括投入资本超过注册资本或者股本部分的金额,即资本溢价或者股本溢价,这部分投入资本在我国企业会计准则体系中被计入了资本公积,并在资产负债表中的资本公积项目中反映。

直接计入所有者权益的利得和损失,是指不应计入当期损益、会导致所有者权益发生增减变动的、与所有者投入资本或者向所有者分配利润无关的利得或者损失。留存收益是盈余公积和未分配利润的统称。

（四）收入

1. 收入的含义及特征

收入是指企业在日常活动中形成的、会导致所有者权益增加的、与所有者投入资本无关的经济利益的总流入。

收入的特征:①产生收入的事项已经发生或已经成为事实。比如,销售商品收入,必须是企业已将商品所有权上的主要风险和报酬转移给购货方;企业没有保留通常与所有权相联系的继续管理权,也没有对已售出的商品实施控制。同时,与交易相关的经济利益能够流入企业。②与销售商品或提供劳务相关的收入和成本能够可靠地计量。③收入不仅表现为现金的流入,有时也产生负债的偿还。比如,企业可以向贷款人提供商品或劳务,偿还所欠的款项,在了结债务的同时产生收入。

2. 收入的确认条件

收入的确认除了应当符合定义外,至少应当符合以下条件:①与收入相关的经济利益应当很可能流入企业;②经济利益流入企业的结果会导致资产的增加或者负债的减少;③经济利益的流入额能够可靠计量。

3. 收入的分类

收入主要包括主营业务收入和其他业务收入。

(1) 主营业务收入是企业销售产品、商品和进行工业性劳务作业取得的收入。

(2) 其他业务收入是指材料销售收入、无形资产等技术转让费收入以及固定资产、包装物出租收入等。

(五) 费用

1. 费用的含义与特征

费用是指企业在日常活动中发生的、会导致所有者权益减少的、与向所有者分配利润无关的经济利益的总流出。

费用具有以下特征:①费用是企业在日常活动中发生的;②费用会导致所有者权益的减少;③费用是与向所有者分配利润无关的经济利益的总流出。

2. 费用的确认条件

费用的确认除了应当符合定义外,至少应当符合以下条件:①与费用相关的经济利益应当很可能流出企业;②经济利益流出企业的结果会导致资产的减少或者负债的增加;③经济利益的流出额能够可靠计量。

3. 费用的分类

1) 直接费用。

直接费用是指直接为生产产品或提供劳务而发生的各项费用。它包括直接材料费、直接人工费和其他直接费用。这些费用发生时,直接计入生产经营成本。

2) 间接费用。

间接费用是指间接为生产产品或提供劳务而发生的各项费用。它包括间接材料费、间接人工费以及其他间接费用。如车间管理人员的工资、车间固定资产的折旧费用和修理费用等。这些费用发生时,先按一定的方式进行归集,然后再选择一定的标准分配计入生产经营成本。

3) 期间费用。

期间费用是指企业行政管理部门为组织和管理生产经营活动而发生的各项费用。它包括管理费用、财务费用和销售费用。这些费用发生时,不能计入生产经营成本,而在发生的会计期间直接计入当期损益。

管理费用是指企业行政管理部门为组织和管理生产经营活动而发生的各项费用。

财务费用是指企业为筹集生产经营所需资金等理财活动所发生的各项费用。

销售费用是企业在销售商品、提供劳务等日常活动中发生的除营业成本以外的各项费用以及专设销售机构的经费。

（六）利润

1. 利润的含义与特征

利润是指企业在一定会计期间的经营成果。通常情况下，如果企业实现了利润，表明企业的所有者权益将增加，业绩得到了提升；反之，如果企业发生了亏损（即利润为负数），表明企业的所有者权益将减少，业绩下降。利润是评价企业管理层业绩的指标之一，也是投资者等财务会计报告使用者进行决策时的重要参考依据。

2. 利润的确认条件

利润反映收入减去费用、直接计入当期利润的利得减去损失后的净额。利润的确认主要依赖于收入和费用，以及直接计入当期利润的利得和损失的确认，其金额的确定也主要取决于收入、费用、利得、损失金额的计量。

3. 利润的分类

利润包括收入减去费用后的净额、直接计入当期损益的利得和损失等。其中，收入减去费用后的净额反映企业日常活动的经营业绩；直接计入当期损益的利得和损失反映企业非日常活动的业绩。

直接计入当期损益的利得和损失，是指应当计入当期损益、最终会引起所有者权益发生增减变动的、与所有者投入资本或者向所有者分配利润无关的利得或者损失。企业应当严格区分收入和利得、费用和损失，以便全面反映企业的经营业绩。

以上6项会计要素的具体内容如图2-2所示。

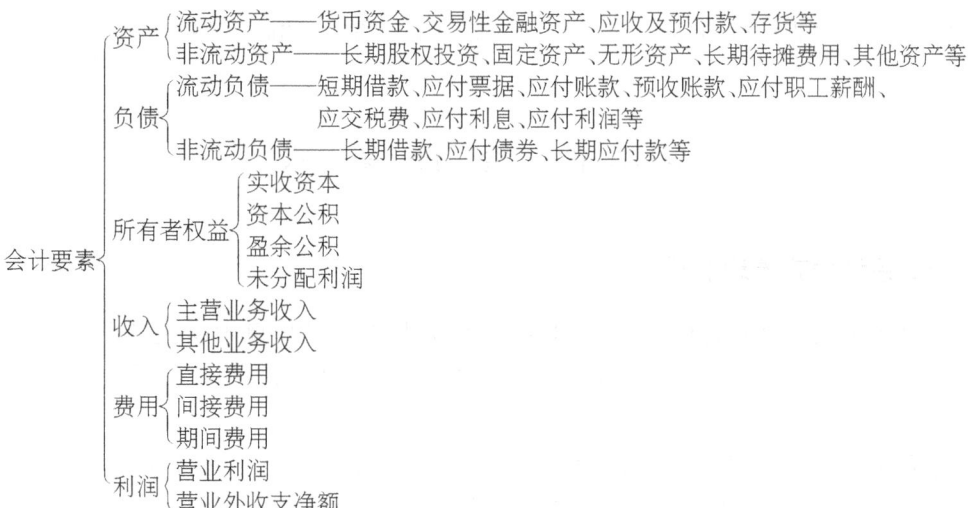

图2-2　会计要素的具体内容

三、会计要素的计量

会计要素的计量是为了将符合确认条件的会计要素登记入账并列报于财务报表而确定其金额的过程。企业应当按照规定的会计计量属性进行计量,确定相关金额。

（一）会计计量属性及其构成

会计计量属性是指会计要素的数量特征或外在表现形式,反映了会计要素金额的确定基础,主要包括历史成本、重置成本、可变现净值、现值和公允价值等。

1. 历史成本

历史成本,又称为实际成本,是指为取得或制造某项财产物资实际支付的现金或其他等价物。

2. 重置成本

重置成本,又称现行成本,是指按照当前市场条件,重新取得同样一项资产所需要支付的现金或者现金等价物金额。

3. 可变现净值

可变现净值是指在正常的生产经营过程中,以预计售价减去进一步加工成本和预计销售费用以及相关税费后的净值。

4. 现值

现值是指对未来现金流量以恰当的折现率进行折现后的价值,是考虑货币时间价值的一种计量属性。

5. 公允价值

公允价值是指市场参与者在计量日发生的有序交易中,出售一项资产所能收到或者转移一项负债所需支付的价格。

（二）计量属性的运用原则

企业在对会计要素进行计量时,一般应当采用历史成本。采用重置成本、可变现净值、现值、公允价值计量的,应当保证所确定的会计要素金额能够持续取得并可靠计量。

第二节 会 计 等 式

一、会计等式表现形式

会计等式又称会计方程式、会计平衡公式,是指在会计核算中反映各个会计要素数量关系的等式。六个会计要素分为两组,形成了两个会计等式,现分别予以阐述。

（一）财务状况等式

企业为了开展生产经营活动,就必须拥有一定量的资产。这些资产都有一定的资金来源,都是由投资人或债权人提供的,所以投资人和债权人对企业资产都有要求权。这种要求权称为权益。

资产和权益是同一事物(经济资源)的两个侧面,有一定量的资产,就必定有其相应的资金来源;反之,有一定的资金来源,也必然表现为等量的资产。也就是说,资产和权益相互依存,金额相等。两者之间的关系可用等式表示如下:

$$资产＝权益$$

权益包括债权人权益(即企业的负债)和所有者权益,所以,上式具体表示为:

$$资产＝负债＋所有者权益$$

以上会计等式是静态等式,它反映企业在某一时日的资产、负债和所有者权益三者之间存在的恒等关系,它是会计的基本等式,是复式记账和编制资产负债表的理论基础。

(二)经营成果等式

企业从事生产经营活动的目的是获取利润。企业出售商品、提供劳务要取得收入,为了取得这些收入,企业需要发生各种各样的耗费,这些耗费的货币表现就是费用。将取得的收入与相应的费用进行配比,全部收入减去全部费用的差额就是企业的财务成果,正数即为利润,负数即为亏损,或称为负利润。将收入、费用、利润三个要素之间的关系用公式表示如下:

$$收入－费用＝利润(或亏损)$$

收入、费用和利润之间的恒等关系,反映了一定期间内企业资金运动所取得的经营成果,是编制利润表的理论依据。

二、经济业务对会计等式的影响

(一)经济业务的含义

企业生产经营过程中发生的、能够引起会计要素增减变化的事项,会计上通常称为经济业务(或称会计事项)。经济业务按其发生的对象不同,通常分为两类:一类是外部经济业务(或称对外会计事项),它是指某一会计主体与其周围事物或环境相互作用所引起的、能够使会计要素发生增减变化的外部事项,如向购货方购货、向销售方销售、向银行借款、向投资者融资、地震或水灾对企业造成损失、税务部门因企业违反税法规定对该企业的处罚等;另一类是内部经济业务(或称内部会计事项),它是指直接发生于某一会计主体内部的、能够引起会计要素增减变化的事项,如固定资产折旧、生产经营过程中耗用原材料、工资的分配及收入与费用的结转等。

(二)会计要素变动对会计等式的影响

经济业务的发生,使资产存在的分布形态、负债和所有者权益的构成等发生相应变动。那么,这种变化会不会破坏会计等式的平衡关系呢?答案是否定的。

企业发生的经济业务虽然复杂繁多,但就其对会计等式左、右两边的影响来看,不外乎以下四种类型。

(1)资产和负债及所有者权益项目双方同时增加,增加的金额相等,一般表现为资金进入企业。

（2）资产和负债及所有者权益项目双方同时减少，减少的金额相等，一般表现为资金退出企业。

（3）一个资产项目增加，另一个资产项目减少，增加和减少的金额相等，表现为资产的内部变化。

（4）一个负债及所有者权益的项目增加，另一个负债及所有者权益的项目减少，增加和减少的金额相等，表现为负债及所有者权益的内部变化。

任何经济业务的发生，都不会超出上述4种类型。具体来说则有以下9种情况：

（1）资产项目和负债项目同时增加，增加金额相等。

（2）资产项目和所有者权益项目同时增加，增加金额相等。

（3）资产项目和负债项目同时减少，减少金额相等。

（4）资产项目和所有者权益项目同时减少，减少金额相等。

（5）资产内部有关项目有增有减，增减金额相等。

（6）负债内部有关项目有增有减，增减金额相等。

（7）所有者权益内部有关项目有增有减，增减金额相等。

（8）负债项目增加，所有者权益项目减少，增减金额相等。

（9）所有者权益项目增加，负债项目减少，增减金额相等。

不管属于哪种类型和情况，这些经济业务发生后都不会破坏会计等式的平衡关系。下面举例说明9种情况经济业务引起的会计要素增减变化的基本规律。

【例2-1】 东盛公司7月发生下列经济业务：

1. 公司购入生产用A材料50 000元，货款未付，材料已验收入库。

【分析】 这笔经济业务使属于资产要素的原材料项目增加50 000元，同时使属于负债要素的应付账款项目增加50 000元，会计等式两边同时增加，两边总额依然相等，属情况1。

2. 公司收到丁投资者设备一台，价值100 000元，当即投入使用。

【分析】 这笔经济业务使属于资产要素的固定资产项目增加100 000元，同时使属于所有者权益要素的实收资本项目增加了100 000元，会计等式两边同时增加，两边总额依然相等，属情况2。

3. 以银行存款归还长期借款100 000元。

【分析】 这笔经济业务使属于资产要素的银行存款项目减少100 000元，同时使属于负债要素的长期借款项目减少10 000元。会计等式两边同时减少，两边总额依然相等，属情况3。

4. 因合作期满，丙合伙人收回投资100 000元，以存款支付。

【分析】 这笔经济业务使属于资产要素的银行存款项目减少100 000元，同时使属于所有者权益要素的实收资本项目减少100 000元，会计等式两边同时减少，两边总额依然相等，属情况4。

5. 从银行提出现金 60 000 元备用。

【分析】 这笔经济业务使属于资产要素的现金项目增加 60 000 元,同时使属资产要素的银行存款项目减少 60 000 元,即会计等式的资产要素有增有减,且增减相等,而会计等式的另一边没有发生变动,两边总额依然相等,属情况 5。

6. 从银行取得短期借款 50 000 元,用来偿还前欠客户货款。

【分析】 这笔经济业务使属于负债要素的短期借款项目增加 50 000 元,同时使同属负债要素的应付账款项目减少 50 000 元,即会计等式的负债要素有增有减,而会计等式的另一边没有发生变动,两边总额依然相等,属情况 6。

7. 按照法定程序,将盈余公积 400 000 元,转作资本金。

【分析】 这笔经济业务使属于所有者权益要素的实收资本项目增加 400 000 元,使属于所有者权益项目的盈余公积项目减少 40 000 元,即会计等式的所有者权益项目有增有减,而会计等式的另一边没有发生变动,两边总额依然相等,属情况 7。

8. 合伙人乙要求代为偿还所欠货款 300 000 元,作为其投资的减少。

【分析】 这笔经济业务使属于负债要素的应付账款项目增加 300 000 元,使属于所有者权益要素的实收资本项目减少 300 000 元,会计等式的一边有增有减,且增减金额相等,而会计等式的另一边没有发生变动,两边总额依然相等,属情况 8。

9. 客户 B 代本企业偿还一笔长期借款 100 000 元,并同意作为其对本企业的投资,有关手续已办妥。

【分析】 这笔经济业务使属于所有者权益要素的实收资本项目增加 100 000 元,使属于负债要素的长期借款项目减少 100 000 元,会计等式的一边有增有减,且增减金额相等,而会计等式的另一边没有发生变动,两边总额依然相等,属情况 9。

从以上分析,可以得出以下结论:任何一项经济业务的发生,必然会引起资产和权益,或者资产和权益内部至少两个项目的变化,但不管怎样变化,其结果都不会破坏资产和权益总额的平衡关系。

复习思考题

1. 什么是会计要素?会计要素可划分为哪 6 个部分?
2. 分述资产与负债的特征。
3. 分述资产与负债的分类。
4. 什么是会计等式?会计有哪两个等式?
5. 经济业务发生后,引起会计要素的增减变化有哪几种类型?为什么无论会计要素如何变化,都不会破坏企业资金的平衡关系?

第三章 会计科目和账户

会计的首要任务是正确记录经济业务和反映经济活动的情况,为经济管理工作提供系统的核算资料和经济信息。在对会计对象具体内容进行科学分类的基础上设置会计科目,依据会计科目开设账户,是会计核算专门办法之一,也是会计发挥其职能,实现其目标的前提条件。学习本章,重点在于掌握会计科目的设置、用途和账户的开设、用途,以及两者之间的关系,为核算企业经济业务打下良好基础。

第一节 会计科目

一、会计科目的概念与分类

(一)会计科目的概念

会计科目,简称科目,是对会计要素的具体内容进行分类核算的项目。每一个会计科目都有一定的名称,都明确反映特定的经济内容。

企业在经济活动中,各项资产、负债和所有者权益必然会发生增减变动,并会相应发生收入和费用,产生利润,这些均是会计核算和会计监督的内容。然而在会计核算中,要从数量上反映各项会计要素的增减变化,不但需要取得各项会计要素增减变化及其结果的总结数字,而且要取得一系列更加具体的分类数量指标。如资产包括库存现金、银行存款、原材料、固定资产等,各种不同的资产,分布在不同的形态上,发挥着各自的作用。负债包括短期借款、长期借款、应付账款、应付职工薪酬等。所有者权益包括实收资本、资本公积等。各种收入的来源和费用的用途也各不相同。为了全面、系统、分类地核算和监督各种经济活动,以及由此而引起的资金的增减变动情况,就必须结合经营管理的需要,通过设置会计科目,对会计要素的具体内容进行科学的分类。设置会计科目,是开设和登记账户的前提,是组织会计核算的首要条件。它对于统一会计口径,分类提供会计信息,具有重要意义。

(二)会计科目的分类

会计科目可按其反映的经济内容(即所归属会计要素)、所提供信息的详细程度及其统驭关系分类。

1. 按其归属的会计要素分类

会计科目按其反映的经济内容不同,可分为资产类科目、负债类科目、共同类科目、所有者权益类科目、成本类科目和损益类科目。

(1) 资产类科目,是对资产要素的具体内容进行分类核算的项目,按资产的流动性分为反映流动资产的科目和反映非流动资产的科目。

(2) 负债类科目,是对负债要素的具体内容进行分类核算的项目,按负债的偿还期限分为反映流动负债的科目和反映非流动负债的科目。

(3) 共同类科目,是既有资产性质又有负债性质的科目,主要有"清算资金往来"、"外汇买卖"、"衍生工具"、"套期工具"、"被套期项目"等科目。

(4) 所有者权益类科目,是对所有者权益要素的具体内容进行分类核算的项目,按所有者权益的形成和性质可分为反映资本的科目和反映留存收益的科目。

(5) 成本类科目,是对可归属于产品生产成本、劳务成本等的具体内容进行分类核算的项目,按成本的内容和性质的不同可分为反映制造成本的科目、反映劳务成本的科目等。

(6) 损益类科目,是对收入、费用等的具体内容进行分类核算的项目。

2. 按提供信息的详细程度及其统驭关系分类

会计科目按其提供信息的详细程度及其统驭关系,可以分为总分类科目和明细分类科目。

(1) 总分类科目,又称总账科目或一级科目,是对会计要素的具体内容进行总括分类,提供总括信息的会计科目。

(2) 明细分类科目,又称明细科目,是对总分类科目作进一步分类,提供更为详细和具体会计信息的科目。如果某一总分类科目所属的明细分类科目较多,可在总分类科目下设置二级明细科目,在二级明细科目下设置三级明细科目。

二、会计科目的设置

1. 会计科目设置的原则

会计科目必须根据企业会计准则和国家统一会计制度的规定设置和使用。企业在不违反会计准则中确认、计量和报告规定的前提下,可以根据本单位的实际情况自行增设、分拆、合并会计科目。企业不存在的交易或事项,可以不设相关会计科目。设置会计科目应遵循下列基本原则。

(1) 设置会计科目要结合会计对象的特点。各单位会计对象是社会再生产过程中的资金及其运动,各会计主体的经营特点不同,其资金分布形态也不同,资金运动的形式也各不相同,因此需要根据各自的特点来设置会计科目。例如,工业企业的主要生产经营活动是制造产品,因此要设置生产耗费、成本计算的"生产成本"和"制造费用"科目,而商品流通企业则不需设置这两个科目。

(2) 设置会计科目应满足对外提供会计报告的需要。政府要引用会计信息进行宏观经济控制;企业的投资者要了解企业资金的运用情况和盈利能力;债权人要了解企业的偿债能力；税务部门要了解企业的纳税情况；政府有关部门要了解行政、事业单位的预算资金的使用情况。因此，设置会计科目应满足对外提供会计报告的需要。

（3）设置会计科目应满足经济管理和经济决策的需要。会计信息是各单位对经济活动的执行情况进行分析、考核的依据，也是各单位进行经营预测、决策和编制预算的依据。因此，设置会计科目还应满足单位自身经济管理和经济决策的需要。

（4）设置会计科目要统一与灵活性相结合。所谓统一性，是指在设置会计科目时，应根据提供会计信息的要求，按照《企业会计准则——应用指南》或《企业会计制度》中对一些主要的会计科目的设置及其核算内容所作的统一规定，以保证会计核算指标在一个部门，乃至全国范围内的综合汇总、分析利用。所谓灵活性，是指在保证提供统一核算指标的前提下，各会计主体可以根据本单位的具体情况和经济管理要求，对统一规定的会计科目作必要的增补或合并。例如，工业企业可增设"在途材料"科目，如果企业的预收、预付账款业务不多，可以不设"预收账款"和"预付账款"科目，而是将其业务合并在"应收账款"和"应付账款"科目内。

（5）设置会计科目要保持相对的稳定性。会计科目设置后，如没有特殊情况，一般不作变更，以便在一定范围内综合汇总和在不同时期对比分析其所提供的核算指标。

2．常用会计科目

我国《企业会计准则——应用指南》（2006年）中常用会计科目摘录如表3-1所示。

表3-1　　　　　　　　　　　　一般企业会计科目表

编号	会计科目名称	编号	会计科目名称	编号	会计科目名称
	一、资产类	1403	原材料	1531	长期应收款
1001	库存现金	1404	材料成本差异	1532	未实现融资收益
1002	银行存款	1405	库存商品	1601	固定资产
1012	其他货币资金	1406	发出商品	1602	累计折旧
1101	交易性金融资产	1407	商品进销差价	1603	固定资产减值准备
1121	应收票据	1408	委托加工物资	1604	在建工程
1122	应收账款	1411	周转材料	1605	工程物资
1123	预付账款	1471	存货跌价准备	1606	固定资产清理
1131	应收股利	1501	持有至到期投资	1701	无形资产
1132	应收利息	1502	持有至到期投资减值准备	1702	累计摊销
1221	其他应收款	1503	可供出售金融资产	1703	无形资产减值准备
1231	坏账准备	1511	长期股权投资	1711	商誉
1401	材料采购	1512	长期股权投资减值准备	1801	长期待摊费用
1402	在途物资	1521	投资性房地产	1811	递延所得税资产

(续表)

编号	会计科目名称	编号	会计科目名称	编号	会计科目名称
1901	待处理财产损溢	2711	专项应付款	6061	汇兑损益
	二、负债类	2801	预计负债	6101	公允价值变动损益
2001	短期借款	2901	递延所得税负债	6111	投资收益
2101	交易性金融负债		三、所有者权益类	6301	营业外收入
2201	应付票据	4001	实收资本	6401	主营业务成本
2202	应付账款	4002	资本公积	6402	其他业务成本
2203	预收账款	4101	盈余公积	6403	营业税金及附加
2211	应付职工薪酬	4103	本年利润	6701	资产减值损失
2221	应交税费	4104	利润分配	6601	销售费用
2231	应付利息		四、成本类	6602	管理费用
2232	应付股利	5001	生产成本	6603	财务费用
2241	其他应付款	5101	制造费用	6701	资产减值损失
2401	递延收益	5201	劳务成本	6711	营业外支出
2501	长期借款	5301	研发支出	6801	所得税费用
2502	应付债券		五、损益类	6901	以前年度损益调整
2701	长期应付款	6001	主营业务收入		
2702	未确认融资费用	6051	其他业务收入		

第二节 账 户

一、账户的概念与分类

1. 账户的概念

账户是根据会计科目设置的,具有一定格式和结构,用于分类反映会计要素增减变动情况及其结果的载体。

2. 账户的分类

账户可根据其核算的经济内容、提供信息的详细程度及其统驭关系进行分类。

(1)根据核算的经济内容,账户分为资产类账户、负债类账户、共同类账户、所有者权益类账户、成本类账户和损益类账户六类。其中,有些资产类账户、负债类账户和所有者权益类账户存在备抵账户。备抵账户,又称抵减账户,是指用来抵减被调整账户余额,以确定被调整账户实有数额而设置的独立账户。

(2)根据提供信息的详细程度及其统驭关系,账户分为总分类账户和明细分类账户。

总分类账户和所属明细分类账户核算的内容相同，只是反映内容的详细程度有所不同，两者相互补充，相互制约，相互核对。总分类账户统驭和控制所属明细分类账户，明细分类账户从属于总分类账户。

二、账户的功能与结构

（一）账户的功能

账户的功能在于连续、系统、完整地提供企业经济活动中各会计要素增减变动及其结果的具体信息。其中，会计要素在特定会计期间增加和减少的金额，分别称为账户的"本期增加发生额"和"本期减少发生额"，二者统称为账户的"本期发生额"；会计要素在会计期末的增减变动结果，称为账户的"余额"，具体表现为期初余额和期末余额，账户上期的期末余额转入本期，即为本期的期初余额；账户本期的期末余额转入下期，即为下期的期初余额。账户的期初余额、期末余额、本期增加发生额和本期减少发生额统称为账户的四个金额要素。对于同一账户而言，它们之间的基本关系为：

$$期末余额＝期初余额＋本期增加发生额－本期减少发生额$$

（二）账户的结构

账户的结构是指账户的组成部分及其相互关系。账户通常由以下内容组成：①账户名称，即会计科目；②日期，即所依据记账凭证中注明的日期；③凭证字号，即所依据记账凭证的编号；④摘要，即经济业务的简要说明；⑤金额，即增加额、减少额和余额。从账户名称、记录增加额和减少额的左右两方来看，账户结构在整体上类似于汉字"丁"和大写的英文字母"T"，因此，账户的基本结构在实务中被形象地称为"丁"字账户或者"T"型账户。

借贷记账法下，一般账户的格式如表3-2所示。

表3-2　　　　　　　　　　账户名称（会计科目名称）

年		凭证号数	摘　要	借方	贷方	借或贷	余额
月	日						

为了方便教学，往往把上述账户格式用简化的"T"形账户（或简称 T 字账）格式代替，如表3-3所示。

表3-3　　　　　　　　　　"T"形账户格式

借方	账户名称	贷方

上述"T"形账户的左方和右方分别用来登记会计要素的增加和减少数。至于哪方

登记增加数,哪方登记减少数,取决于所采用的记账方法和账户本身的性质。

三、账户与会计科目的关系

账户和会计科目是两个既有联系又有区别的不同概念。二者的联系体现在会计科目与账户都是对会计要素具体内容的分类,两者口径一致,性质相同。账户是根据会计科目设置的,会计科目是账户的名称,所以会计科目的内容、分类的方法决定了账户的内容、分类的方法。没有会计科目,账户便失去了设置的依据;没有账户,就无法发挥会计科目的作用。只有将会计科目与账户二者结合起来,才有利于从事日常会计的核算工作。

账户与会计科目的区别体现在会计科目仅仅是名称,只能表明某项经济业务的内容,不存在结构与记账的方向等问题;而账户既有名称,又有结构,即具有一定的格式,能连续、系统地记录某项经济业务的增减变化情况及其结果。

由于账户是按照会计科目设置的,两者在名称上完全一致,所以在实际工作中,会计科目与会计账户常被作为同义词来理解,互相通用,不加区别。

复习思考题

1. 什么是会计科目?什么是会计账户?会计科目与会计账户有什么区别与联系?
2. 会计科目包括哪几类?内容分别是什么?
3. 为什么既要设置总分类账户,又要设置明细分类账户?其相互关系如何?

第四章 会计记账方法

记账方法是在账簿中登记经济业务的方法。经济业务的发生会引起会计要素的增减变动,在账簿中记录这些经济业务,人们采用过单式记账和复式记账,而复式记账更科学,它是会计核算专门方法之一。

本章学习,重点应掌握复式记账的基本原理。

第一节 会计记账方法的种类

前面已经阐述过,企业发生的经济业务必然会引起会计要素发生增减变动,账户能够全面、系统地反映各会计要素有关项目的增减变动及结果,但如何将发生的经济业务记录到有关账户中,这就需要采用一定的记账方法。

所谓记账方法,就是根据一定的原理、记账符号、记账规则,采用一定的计量单位,利用文字和数字在账簿中记录经济业务活动的一种专门方法。按照记录经济业务方式的不同,可分为单式记账法和复式记账法两大类。

一、单式记账法

单式记账是一种较为简单而又不完整的记账方法,它是对每一项经济业务只在一个账户中进行记录的记账方法。在单式记账法下,通常只登记现金、银行存款的收付金额以及债权、债务的结算金额,一般不登记实物的收付金额。例如,用现金2 000元支付工人工资,该业务发生后,会计记账只在"现金"账户中登记现金减少2 000元,并不登记该笔现金用于何处;又如,用银行存款10 000元购买一批材料,业务发生后,只在"银行存款"账户中记录银行存款减少10 000元,而对购入材料这一业务,却不记录在相关账户中。

单式记账法记账手续简单,但是由于没有一套完整的账户体系,账户之间不能形成相互对应和平衡的关系,不能全面系统地反映各会计要素之间的增减变动情况以及经济业务的来龙去脉,也不便于检查账户记录的正确性和完整性,因而是一种不够科学的记账方法。因此,这种记账方法已经成为历史,目前实践中已不再应用。

二、复式记账法

1. 复式记账法的概念

复式记账法是以资产与权益平衡关系作为记账基础,对每一项经济业务所引起的资金运动,用相等的金额,同时在两个或两个以上相互联系的账户中进行全面登记的一种记账方法。

2. 复式记账法的优点

复式记账法克服了单式记账方法的缺点。例如,上述用银行存款10 000元购买一批材料的业务,该项业务发生后,一方面在"银行存款"账户中记录银行存款减少10 000元,另一方面在"原材料"账户中记录材料增加10 000元,这样登记的结果是能够清楚地反映一项经济业务的来龙去脉,即资金从哪里来,又往何处去。

3. 复式记账法的种类

复式记账法有借贷记账法、收付记账法和增减记账法三种。借贷记账法是用"借"和"贷"作为记账符号的一种复式记账方法。这种记账方法是国际上通用的记账方法。也是目前世界上最科学的一种记账法。

收付记账法是用"收"和"付"作为记账符号的一种复式记账方法。这种记账方法是在我国传统的收付记账法的基础上发展起来的记账方法。增减记账法是用"增"和"减"作为记账符号的一种复式记账方法。这种记账方法是20世纪60年代我国商业系统在改革记账法时设计提出的记账方法。实践证明,收付记账法和增减记账法都有其缺陷。

目前,我国《企业会计准则》和《事业单位会计准则》规定,所有企事业单位一律采用借贷记账法。下面重点介绍借贷记账法的特点和内容。

第二节 借贷记账法

一、借贷记账法的概念

借贷记账法是用"借"和"贷"作为记账符号的一种复式记账方法。

据史料记载,借贷记账法产生于意大利地中海沿海一带城市。开始只是一种单式记账方法,后来逐步发展成为一种比较完备的复式记账方法。随着资本主义经济的发展,借贷记账法也不断完善和发展,成为经济管理中的一种科学记账方法,并被各国广泛采用。19世纪,由于资本主义国家侵入中国,借贷记账法也随之传入,一些比较大的工商企业、银行以及政府机关开始采用这种记账方法。新中国成立以后不少行业仍继续沿用下来。

目前借贷记账法已成为我国各单位广泛使用的一种复式记账方法。

二、借贷记账法下账户的结构

1. 借贷记账法下账户的基本结构

借贷记账法用"借"和"贷"作为记账符号,把每个账户结构都分为左右两方,左面是借方,右面是贷方,用以反映资金的增减变化情况。

借贷记账法所使用的"借"和"贷"两字是一对单纯的记账符号。其含义因账户性质的不同而恰好相反。在资产类账户,"借"表示增加,"贷"表示减少;而在负债及所有者权益类账户,"借"表示减少,"贷"表示增加。费用成本类账户与资产类账户方向相同,收入成果类账户与负债用所有者权益类账户方向相同,如表4-1所示。

表 4-1　　　　　　　　　　　借贷记账法账户登记内容

借	贷
资产增加 负债的减少 费用成本的增加 收入成果的减少	负债的增加 资产的减少 收入成果的增加 费用成本的减少

2. 资产和成本类账户的结构

资产类账户的结构是:账户的借方登记资产的增加额,贷方登记资产的减少额;由于资产的减少额不可能大于它的期初余额与本期增加额之和,所以,这类账户期末如有余额,必定在借方。该类账户期末余额的计算公式如下:

资产类账户期末借方余额＝期初借方余额＋本期借方发生额－本期贷方发生额

资产类账户的简化结构,如表4-2所示:

表 4-2

借方	资产类账户		贷方
期初余额 增加额	××× ×××	减少额	×××
本期借方发生额 期末余额	××× ×××	本期贷方发生额	×××

成本类账户账户的结构与资产类账户基本相同,账户的借方登记成本的增加额,贷方登记成本的减少(转出)额,该类账户通常没有期末余额。

成本类账户的简化结构,如表4-3所示:

表 4-3

借方	成本类账户		贷方
增加额	×××	减少额	×××
本期借方发生额	×××	本期贷方发生额	×××

3. 负债和所有者权益类账户的结构

由资产＝负债＋所有者权益的会计等式所决定,负债及所有者权益账户的结构与资产类账户账户的正好相反,其贷方登记负债及所有者权益的增加额,借方登记负债及所有者权益的减少额;由于负债及所有者权益的增加额与期初余额之和,通常也要大于

其本期减少额,这类账户如有期末余额,通常在贷方。该类账户期末余额的计算公式如下:

负债及所有者权益类账户期末贷方余额＝期初贷方余额＋本期贷方发生额－本期借方发生额

负债及所有者权益类账户的简化结构,如表4-4所示:

表 4-4

借方	负债及所有者权益类账户		贷方
减少额	×××	期初余额 增加额	××× ×××
本期借方发生额	×××	本期贷方发生额 期末余额	××× ×××

4. 损益类账户的结构

损益类账户又分为费用类和收入类。

费用类账户的结构与资产类账户基本相同,借方登记费用的增加额,贷方登记费用的减少(转销)额;由于借方登记的费用增加额一般都要通过贷方转出,所以这类账户通常没有期末余额。

费用类账户的简化结构,如表4-5所示:

表 4-5

借方	费用类账户		贷方
增加额	×××	减少额	×××
本期借方发生额	×××	本期贷方发生额	×××

收入类账户的结构与负债及所有者权益类账户的结构相类似,账户的贷方登记收入的增加额,借方登记收入的减少(转销)额;由于贷方登记的收入增加额一般要通过借方转出,所以这类账户通常也没有期末余额。

收入类账户的简化结构,如表4-6所示:

表 4-6

借方	收入类账户		贷方
减少额	×××	增加额	×××
本期借方发生额	×××	本期贷方发生额	×××

在借贷记账法下,账户除按以上分类外,为了灵活地处理账务,也可以设置和运用既可能是资产又可以是负债的双重性质账户。这类账户又称为共同性账户。如"待处理财产损溢"、"其他往来"等账户即属此类。双重性账户应根据它们的期末余额方向来确定其性质,如果是借方余额,就是资产账户;相反,如果是贷方余额,则是负债账户。

三、借贷记账法的记账规则

根据复式记账法原理,对每笔经济业务用相等的金额同时在两个或两个以上相互联系的账户中进行登记。登记时,对每笔经济业务必须按其内容,用相等的金额,一方面记入一个或几个有关账户的借方;另一方面记入一个或几个有关账户的贷方。记入借方账户的数额与记入贷方账户的数额必然相等。这就形成了借贷记账法下"有借必有贷,借贷必相等"的记账规则。

现以下列4笔经济业务为例,说明借贷记账法的记账规则。

【例4-1】 向供货单位购入原材料50 000元,货款未付。

这是一笔资产和负债同时增加的经济业务。它涉及资产方的"原材料"和负债方的"应付账款"两个账户,使它们都增加了50 000元。资产的增加登记在借方,负债的增加登记在贷方,有借有贷,借贷相等,如表4-7所示。

表4-7　　　　　　　　　"原材料"和"应付账款"账户的登记

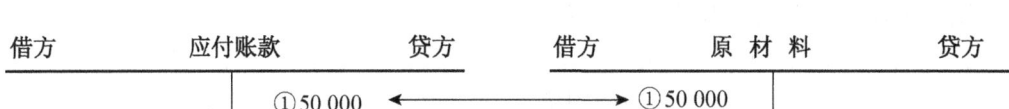

【例4-2】 以银行存款归还短期借款200 000元。

这是一笔资产和负债同时等额减少的经济业务。它涉及资产方的"银行存款"和负债方的"短期借款"两个账户,使两个账户都减少了200 000元。资产的减少登记在贷方,负债的减少登记在借方,有借有贷,借贷相等,如表4-8所示。

表4-8　　　　　　　　　"银行存款"和"短期借款"账户的登记

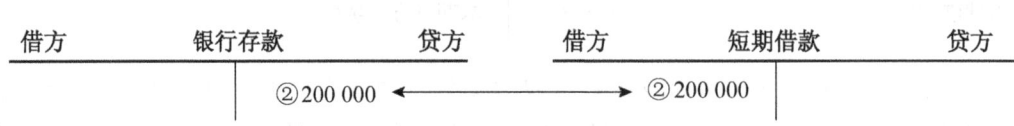

【例4-3】 按原价出售固定资产20 000元,账款未收。

这是一笔资产方一个项目增加,另一个项目等额减少的经济业务。它涉及资产方的"应收账款"账户增加20 000元,"固定资产"账户减少20 000元。资产的增加登记在借方,资产的减少登记在贷方,有借有贷,借贷相等,如表4-9所示。

表4-9　　　　　　　　　"固定资产"和"应收账款"账户的登记

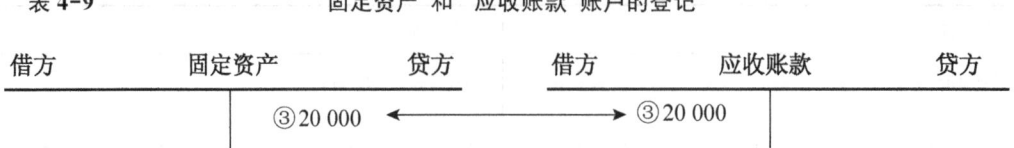

【例4-4】 将应偿付给乙单位的应付票据30 000元转为应付账款。

这是一笔负债方一个项目增加,另一个项目等额减少的经济业务。它涉及负债方的"应付账款"账户增加30 000元,"应付票据"账户减少30 000元。负债的增加登记在贷方,负债的减少登记在借方,有借有贷,借贷相等,如表4-10所示。

表4-10　　　　　　　　　"应付账款"和"应付票据"账户的登记

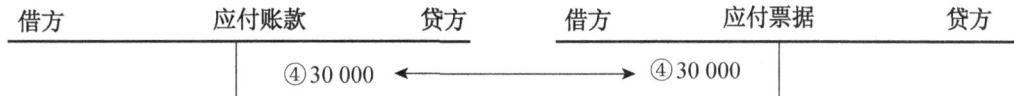

四、借贷记账法下的账户对应关系与会计分录

(一) 账户的对应关系

在借贷记账法下,要求对每一项交易、事项都在两个或两个以上账户中进行登记,这样所记账户之间就形成了相互依存关系,这种关系称为"账户的对应关系"。构成对应关系的账户,称为"对应账户"。

(二) 会计分录

会计分录简称分录。它是对每项经济业务指出其应登记的账户和记账方向与金额的一种记录。会计上需要设置的账户很多,发生的经济业务又十分频繁,为了准确地反映账户的对应关系和登记金额,在每项经济业务发生以后,正式入账以前,必须编制会计分录。每笔会计分录都必须包括会计科目、记账符号、变动金额三个要素。

会计分录按其所反映的经济业务繁简程度,可以分为简单会计分录和复合会计分录两种。

简单会计分录是指一项经济业务发生以后,只在两个账户中记录其相互关系和金额变化情况的会计分录。即一个借方、一个贷方。例如,用银行存款购买原材料10 000元这项经济业务,它使银行存款减少10 000元,原材料增加10 000元。银行存款是资产类账户,它的减少应在贷方;原材料也是资产类账户,它的增加应在借方,记录下来就形成了如下一借一贷的简单会计分录,列示如下:

借: 原材料　　　　　　　　　　　　　　　　　　　　　　　　　　10 000
　　贷: 银行存款　　　　　　　　　　　　　　　　　　　　　　　　10 000

复合会计分录是指一项经济业务发生后,需要应用三个或三个以上的账户记录其相互关系和金额变化情况的会计分录。即一个借方几个贷方、一个贷方几个借方或几个借方几个贷方。例如,购入原材料50 000元,其中30 000元以银行存款支付,20 000元欠付。这项经济业务,使银行存款减少30 000元,原材料增加50 000元,应付账款增加20 000元。银行存款是资产类账户,它的减少应在贷方,原材料是资产类账户,它的增加应在借方,应付账款是负债类账户,它的增加应在贷方,这样就形成了一借两贷的复合会计分录。列示如下:

借: 原材料　　　　　　　　　　　　　　　　　　　　　　　　　　50 000
　　贷: 银行存款　　　　　　　　　　　　　　　　　　　　　　　　30 000
　　　　应付账款　　　　　　　　　　　　　　　　　　　　　　　　20 000

一笔复合会计分录可以分解为几笔简单会计分录。如上例复合会计分录可以分解为两笔简单会计分录。列示如下：

① 借：原材料　　　　　　　　　　　　　　　　　　　　30 000
　　贷：银行存款　　　　　　　　　　　　　　　　　　　　30 000
② 借：原材料　　　　　　　　　　　　　　　　　　　　20 000
　　贷：应付账款　　　　　　　　　　　　　　　　　　　　20 000

为了能集中反映整个经济业务的面貌和简化记账工作，上列经济业务宜编制复合会计分录。

为了清楚地指明账户的对应关系，一般情况下应编制一借一贷，一借多贷或一贷多借的会计分录。在特殊情况下，一项复杂的交易、事项为了完整地反映其来龙去脉也可编制多借多贷的会计分录。

五、借贷记账法下的试算平衡

（一）试算平衡的含义

运用"有借必有贷，借贷必相等"的记账规则处理每一笔经济业务，应该是记账方向相反，金额相等。但是在记录经济业务过程中，由于人为因素，也可能产生这样的或那样的差错。因此在一定时期内（一般为一个月）有必要对所有账户的记录进行检查验证，这种检查和验证的方法，就是试算平衡。

（二）试算平衡的分类

借贷记账法的试算平衡方法有两种：一种是发生额试算平衡法，即所有账户的借贷双方其发生额合计必然相等；另一种是余额试算平衡法，即所有账户的借方期末余额合计数与贷方期末余额合计数也必然相等。试算平衡的公式是：

全部账户期初借方余额合计＝全部账户期初贷方余额合计
全部账户本期借方发生额合计＝全部账户本期贷方发生额合计
全部账户期末借方余额合计＝全部账户期末贷方余额合计

根据这种借贷平衡的关系，就可以检查和验证账户记录是否正确，以提高会计核算的质量。

（三）试算平衡的编制

现以某企业某一天的期初余额（如表 4-11 所示左边部分），以及记账规则以[例 4-1]至[例 4-4]的资料为例进行试算平衡，如表 4-11 所示。

表 4-11　　　　　　　　　　　　总分类账试算平衡表　　　　　　　　　　单位：元

账户名称 （会计科目）	期初余额		本期发生额		期末余额	
	借　方	贷　方	借　方	贷　方	借　方	贷　方
库存现金	1 000				1 000	
银行存款	300 000			200 000	100 000	
应收账款	50 000		20 000		70 000	

(续表)

账户名称 (会计科目)	期初余额		本期发生额		期末余额	
	借　方	贷　方	借　方	贷　方	借　方	贷　方
原材料	100 000		50 000		150 000	
库存商品	175 000				175 000	
固定资产	250 000			20 000	230 000	
短期借款		330 000	200 000			130 000
应付票据		40 000	30 000			10 000
应付账款		6 000		80 000		86 000
实收资本		500 000				500 000
合　计	876 000	876 000	300 000	300 000	726 000	726 000

以表4-11资料验证试算平衡公式如下：

全部账户期初借方余额合计876 000＝全部账户期初贷方余额合计876 000

全部账户本期借方发生额合计300 000＝全部账户本期贷方发生额合计300 000

全部账户期末借方余额合计726 000＝全部账户期末贷方余额合计726 000

(四)借贷记账法账务处理实例

现以下列资料举例说明借贷记账法的账务处理程序。

1．资料

1)某企业××××年9月初各账户余额如表4-12所示。

表4-12　　　　　　　　　　某企业月初账户余额表　　　　　　　　　　单位:元

会计科目	期初借方余额	会计科目	期初贷方余额
库存现金	1 000	短期借款	100 000
银行存款	140 000	应付票据	50 000
应收票据	20 000	应付账款	40 000
应收账款	15 000	实收资本	500 000
原材料	180 000		
库存商品	90 000		
固定资产	244 000		
合　计	690 000	合　计	690 000

2)月内发生经济业务如下。

(1)企业股东增加投资100 000元,款项存入银行；

(2)以银行存款归还短期借款100 000元；

(3)购入原材料50 000元,货款未付；

(4)用银行存款归还前欠货款50 000元；

(5) 借入短期借款 50 000 元,当即存入银行;

(6) 应收票据 20 000 元到期,存入银行;

(7) 从银行提取现金 4 000 元;

(8) 将应付账款 30 000 元转为应付票据。

2. 根据上列资料运用借贷记账法进行账务处理

1) 编制会计分录。

(1) 企业股东增加投资 100 000 元,款项存入银行。

这笔经济业务使企业的所有者权益账户"实收资本"和资产账户"银行存款"同时增加了 100 000 元,是两类账户的同增。根据借贷记账法的记账规则,编制会计分录如下:

  借:银行存款　　　　　　　　　　　　　　　　　　　100 000

    贷:实收资本　　　　　　　　　　　　　　　　　　　100 000

(2) 以银行存款归还短期借款 100 000 元。

这笔经济业务使企业资产账户"银行存款"和负债账户"短期借款"同时减少了 100 000 元,是两类账户的同减。根据借贷记账法的记账规则,编制会计分录如下:

  借:短期借款　　　　　　　　　　　　　　　　　　　100 000

    贷:银行存款　　　　　　　　　　　　　　　　　　　100 000

(3) 购入原材料 50 000 元,货款未付。

这笔经济业务使企业的资产账户"原材料"和负债账户"应付账款"同时增加 50 000 元,是两类账户的同增。根据借贷记账法的记账规则,编制会计分录如下:

  借:原材料　　　　　　　　　　　　　　　　　　　　50 000

    贷:应付账款　　　　　　　　　　　　　　　　　　　50 000

(4) 用银行存款归还前欠货款 50 000 元。

这笔经济业务使企业的资产账户"银行存款"和负债账户"应付账款"同时减少 50 000 元,是两类账户的同减。根据借贷记账法的记账规则,编制会计分录如下:

  借:应付账款　　　　　　　　　　　　　　　　　　　50 000

    贷:银行存款　　　　　　　　　　　　　　　　　　　50 000

(5) 借入短期借款 50 000 元,当即存入银行。

这笔经济业务使企业的资产账户"银行存款"和负债账户"短期借款"同时增加 50 000 元,是两类账户的同增。根据借贷记账法的记账规则,编制会计分录如下:

  借:银行存款　　　　　　　　　　　　　　　　　　　50 000

    贷:短期借款　　　　　　　　　　　　　　　　　　　50 000

(6) 应收票据 20 000 元到期,存入银行。

这笔经济业务使企业资产账户的"应收票据"减少了 20 000 元,"银行存款"账户增加了 20 000 元,同类账户有增有减,增减金额相等。根据借贷记账法的记账规则,编制会计分录如下:

  借:银行存款　　　　　　　　　　　　　　　　　　　20 000

    贷:应收票据　　　　　　　　　　　　　　　　　　　20 000

(7) 从银行提取现金 4 000 元。

这笔经济业务使企业资产账户"银行存款"减少 4 000 元,"库存现金"账户增加 4 000 元,同类账户的有增有减,增减金额相等。根据借贷记账法的记账规则,编制会计分录如下:

借:库存现金　　　　　　　　　　　　　　　　　　　　　　4 000
　　贷:银行存款　　　　　　　　　　　　　　　　　　　　　　4 000

(8) 将应付账款 30 000 元转为应付票据。

这笔经济业务只涉及负债账户,使"应付票据"账户增加 30 000 元,"应付账款"账户减少 30 000 元,同类账户的有增有减,增减金额相等。根据借贷记账法的记账规则,编制会计分录如下:

借:应付账款　　　　　　　　　　　　　　　　　　　　　　30 000
　　贷:应付票据　　　　　　　　　　　　　　　　　　　　　　30 000

2) 过账。

将上列经济业务的会计分录记入下列各账户,如表 4-13 至 4-23 所示。

表 4-13　　　　　　　　　　　　库 存 现 金

借方		贷方	
期初余额	1 000		
⑦	4 000		
本期发生额	4 000	本期发生额	—
期末余额	5 000		

表 4-14　　　　　　　　　　　　银 行 存 款

借方		贷方	
期初余额	140 000	②	100 000
①	100 000	④	50 000
⑤	50 000	⑦	4 000
⑥	20 000		
本期发生额	170 000	本期发生额	154 000
期末余额	156 000		

表 4-15　　　　　　　　　　　　应 收 票 据

借方		贷方	
期初余额	20 000	⑥	20 000
本期发生额	—	本期发生额	20 000
期末余额	—		

表 4-16　　　　　　　　　　　　　　　应 收 账 款

借方		贷方	
期初余额	15 000		
本期发生额	—	本期发生额	—
期末余额	15 000		

表 4-17　　　　　　　　　　　　　　　原　材　料

借方		贷方	
期初余额	180 000		
③	50 000		
本期发生额	50 000	本期发生额	—
期末余额	230 000		

表 4-18　　　　　　　　　　　　　　　库 存 商 品

借方		贷方	
期初余额	90 000		
本期发生额	—	本期发生额	—
期末余额	90 000		

表 4-19　　　　　　　　　　　　　　　固 定 资 产

借方		贷方	
期初余额	244 000		
本期发生额	—	本期发生额	—
期末余额	244 000		

表 4-20　　　　　　　　　　　　　　　短 期 借 款

借方		贷方	
②	100 000	期初余额	100 000
		⑤	50 000
本期发生额	100 000	本期发生额	50 000
		期末余额	50 000

表 4-21　　　　　　　　　　　　　　　应 付 票 据

借方		贷方	
		期初余额	50 000
		⑧	30 000
本期发生额	—	本期发生额	30 000
		期末余额	80 000

表 4-22　　　　　　　　　　　　　应 付 账 款

借方		贷方	
④	50 000	期初余额	40 000
⑧	30 000	③	50 000
本期发生额	80 000	本期发生额	50 000
		期末余额	10 000

表 4-23　　　　　　　　　　　　　实 收 资 本

借方		贷方	
		期初余额	500 000
		①	100 000
本期发生额	—	本期发生额	100 000
		期末余额	600 000

（3）编制试算平衡表

根据记账规则和试算平衡公式，对上列各账户过账内容编制总分类账试算平衡表进行试算平衡，如表 4-24 所示。

表 4-24　　　　　　　　　　　总分类账试算平衡表

××××年 9 月 30 日　　　　　　　　　　　　　单位：元

会计科目	期初余额		本期发生额		期末余额	
	借方	贷方	借方	贷方	借方	贷方
库存现金	1 000		4 000	—	5 000	
银行存款	140 000		170 000	154 000	156 000	
应收票据	20 000		—	20 000		
应收账款	15 000				15 000	
原材料	180 000		50 000	—	230 000	
库存商品	90 000				90 000	
固定资产	244 000		—	—	244 000	
短期借款		100 000	100 000	50 000		50 000
应付票据		50 000	—	30 000		80 000
应付账款		40 000	80 000	50 000		10 000
实收资本		500 000	—	100 000		600 000
合　　计	690 000	690 000	404 000	404 000	740 000	740 000

 **复习思考题**

1. 试述复式记账的原理和种类。
2. 什么是借贷记账法？它的记账规则是什么？
3. 什么是借贷记账法的试算平衡？
4. 怎么样运用借贷记账法处理经济业务？
5. 什么是简单会计分录和复合会计分录？两者有何区别？

第五章 借贷记账法下主要经济业务的账务处理

企业是产品的生产单位,其完整的生产经营过程由供应过程、生产过程和销售过程所构成。企业具体业务有资金筹集、设备购置、材料采购、产品生产、商品销售和利润分配等,运用借贷记账法对上述经济业务进行核算,可使我们掌握主要经济业务的会计科目的运用,了解企业资金的循环与周转过程。本章应重点掌握企业的资金筹集、设备购置、材料采购、产品生产、商品销售和利润分配等经济业务的账务处理。

第一节 企业主要经济业务

不同企业的经济业务各有特点,其生产经营业务流程也不尽相同。针对企业生产经营过程中发生的各种经济业务,账务处理的主要内容有:①资金筹集业务的账务处理;②固定资产业务的账务处理;③材料采购业务的账务处理;④生产业务的账务处理;⑤销售业务的账务处理;⑥期间费用的账务处理;⑦利润形成与分配业务的账务处理。

第二节 资金筹集业务的账务处理

企业的资金筹集业务按其资金来源通常分为所有者权益筹资和负债筹资。所有者权益筹资形成所有者的权益(通常称为权益资本),包括投资者的投资及其增值,这部分资本的所有者既享有企业的经营收益,也承担企业的经营风险;负债筹资形成债权人的权益(通常称为债务资本),主要包括企业向债权人借入的资金和结算形成的负债资金等,这部分资本的所有者享有按约收回本金和利息的权利。

一、所有者权益筹资业务

(一)所有者投入资本的构成

所有者投入资本按照投资主体的不同可以分为国家资本金、法人资本金、个人资本金和外商资本金等。

所有者投入的资本主要包括实收资本(或股本)和资本公积。

实收资本(或股本)是指企业的投资者按照企业章程、合同或协议的约定,实际投入企业的资本金以及按照有关规定由资本公积、盈余公积等转增资本的资金。

资本公积是企业收到投资者投入的超出其在企业注册资本(或股本)中所占份额的投资,以及直接计入所有者权益的利得和损失等。资本公积作为企业所有者权益的重要组成部分,主要用于转增资本。

(二)账户设置

企业通常设置以下账户对所有者权益筹资业务进行核算。

1."实收资本(或股本)"账户

"实收资本"账户(股份有限公司一般设置"股本"账户)属于所有者权益类账户,用以核算企业接受投资者投入的实收资本。

该账户贷方登记所有者投入企业资本金的增加额,借方登记所有者投入企业资本金的减少额。期末余额在贷方,反映企业期末实收资本(或股本)总额。

该账户可按投资者的不同设置明细账户,进行明细核算。"实收资本"账户结构如表5-1所示。

表5-1

借方	实收资本	贷方
减少的资本数额	实际收到的投资额	
	期末实有的资本数额	

2."资本公积"账户

"资本公积"账户属于所有者权益类账户,用以核算企业收到投资者出资额超出其在注册资本或股本中所占份额的部分,以及直接计入所有者权益的利得和损失等。

该账户借方登记资本公积的减少额,贷方登记资本公积的增加额。期末余额在贷方,反映企业期末资本公积的结余数额。

该账户可按资本公积的来源不同,分别"资本溢价(或股本溢价)"、"其他资本公积"进行明细核算。"资本公积"账户结构如表5-2所示。

表5-2

借方	资本公积	贷方
减少数额	增加数额	
	结余数额	

3."银行存款"账户

"银行存款"账户属于资产类账户,用以核算企业存入银行或其他金融机构的各种款项,但是银行汇票存款、银行本票存款、信用卡存款、信用证保证金存款、存出投资款、外埠存款等,通过"其他货币资金"账户核算。

该账户借方登记存入的款项,贷方登记提取或支出的存款。期末余额在借方,反映企业存在银行或其他金融机构的各种款项。

该账户应当按照开户银行、存款种类等分别进行明细核算。"银行存款"账户结构如表5-3所示。

表 5-3

借方	银行存款	贷方
增加数额	减少数额	
	结余数额	

(三)账务处理

【例 5-1】 收到投资者投入企业的投资款 200 000 元及价值 300 000 元的专利权一项,投资款已存入银行。

这笔经济业务的发生,一方面反映投入资本增加,应记入"实收资本"账户的贷方;另一方面反映银行存款和无形资产的增加,应分别记入"银行存款"和"无形资产"的借方。"无形资产"账户属于资产类账户,用于核算企业的专利权、商标权、著作权、非专利技术等无形资产的增减变动情况。借方登记无形资产的增加额;贷方登记无形资产的减少额;期末借方余额表示无形资产的成本。其会计分录如①所示:

① 借:银行存款　　　　　　　　　　　　　　　　　　　　　　　200 000
　　　无形资产——专利权　　　　　　　　　　　　　　　　　　300 000
　　　贷:实收资本——×××投资　　　　　　　　　　　　　　　500 000

【例 5-2】 A 公司收到甲企业投入设备一台,价值为 300 000 元。双方协商占 A 公司注册资本 250 000 元。

这笔经济业务的发生,一方面说明其他单位以固定资产作为资本投入,以双方协商占注册资本数记入"实收资本"账户的贷方;另一方面说明企业的固定资产增加,以固定资产价值记入"固定资产"账户的借方。其差额作为资本溢价,记入"资本公积"账户的贷方。会计分录如②所示:

② 借:固定资产　　　　　　　　　　　　　　　　　　　　　　　300 000
　　　贷:实收资本——甲企业　　　　　　　　　　　　　　　　　250 000
　　　贷:资本公积——资本溢价　　　　　　　　　　　　　　　　 50 000

现将[例 5-1]、[例 5-2]所有者权益筹资绘成核算图,如图 5-1 所示。

二、负债筹资业务

(一)负债筹资的构成

负债筹资主要包括短期借款、长期借款以及结算形成的负债等。

短期借款是指企业为了满足其生产经营对资金的临时性需要而向银行或其他金融机构等借入的偿还期限在 1 年以内(含 1 年)的各种借款。

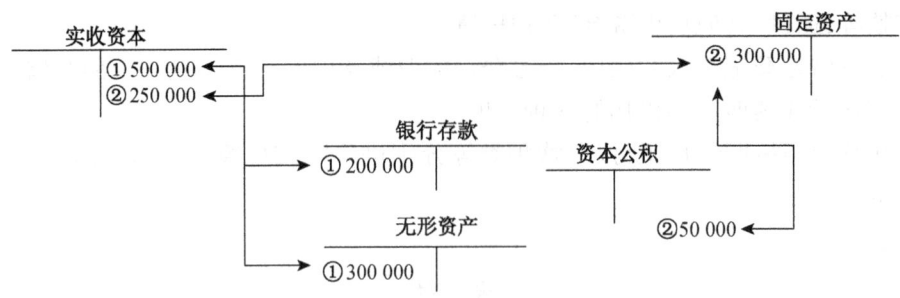

图 5-1 所有者权益筹资核算示意图

长期借款是指企业向银行或其他金融机构等借入的偿还期限在一年以上(不含一年)的各种借款。

结算形成的负债主要有应付账款、应付职工薪酬、应交税费等。

(二)账户设置

企业通常设置以下账户对负债筹资业务进行会计核算:

1. "短期借款"账户

"短期借款"账户属于负债类账户,用以核算企业的短期借款。

该账户贷方登记短期借款本金的增加额,借方登记短期借款本金的减少额。期末余额在贷方,反映企业期末尚未归还的短期借款。

该账户可按借款种类、贷款人和币种进行明细核算。"短期借款"账户结构如表5-4所示。

表 5-4

借方	短期借款	贷方
偿还借款的本金数额	取得借款的本金数额	
	尚未偿还借款的本金数额	

2. "长期借款"账户

"长期借款"账户属于负债类账户,用以核算企业的长期借款。

该账户贷方登记企业借入的长期借款本金,借方登记归还的本金和利息。期末余额在贷方,反映企业期末尚未偿还的长期借款。

该账户可按贷款单位和贷款种类,分别"本金"、"利息调整"等进行明细核算。"长期借款"账户结构如表5-5所示。

表 5-5

借方	长期借款	贷方
偿还借款的本金及利息	取得借款的本金及利息	
	尚未偿还的长期借款	

3. "应付利息"账户

"应付利息"账户属于负债类账户,用以核算企业按照合同约定应支付的利息,包括吸收存款、分期付息到期还本的长期借款、企业债券等应支付的利息。

该账户贷方登记企业按合同利率计算确定的应付未付利息,借方登记归还的利息。期末余额在贷方,反映企业应付未付的利息。

该账户可按存款人或债权人进行明细核算。"应付利息"账户结构如表5-6所示。

表 5-6

借方	应付利息	贷方
实际支付的利息	计提应付未付的利息	
	应付未付的利息	

4."财务费用"账户

"财务费用"账户属于损益类账户,用以核算企业为筹集生产经营所需资金等而发生的筹资费用,包括利息支出(减利息收入)、汇兑损益以及相关的手续费、企业发生的现金折扣或收到的现金折扣等。为购建或生产满足资本化条件的资产发生的应予资本化的借款费用,通过"在建工程"、"制造费用"等账户核算。

该账户借方登记手续费、利息费用等的增加额,贷方登记应冲减财务费用的利息收入等。期末结转后,该账户无余额。

该账户可按费用项目进行明细核算。"财务费用"账户结构如表5-7所示。

表 5-7

借方	财务费用	贷方
企业发生的财务费	期末转入"本年利润"的财务费用	

(三)账务处理

1. 短期借款的账务处理

企业借入的各种短期借款,借记"银行存款"科目,贷记"短期借款"科目;归还借款时做相反的会计分录。资产负债表日,应按计算确定的短期借款利息费用,借记"财务费用"科目,贷记"银行存款"、"应付利息"等科目。

【例5-3】 由于季节性储备材料需要,企业临时向银行借入50 000元,存入银行。借款期限为2个月。

这笔经济业务的发生,一方面说明因需要购买材料而增加临时借款50 000元,应记入"短期借款"的贷方;另一方面说明企业的银行存款增加,应记入"银行存款"账户的借方。其会计分录如①所示:

① 借:银行存款　　　　　　　　　　　　　　　　　　　50 000
　　　贷:短期借款　　　　　　　　　　　　　　　　　　　　　50 000

2. 长期借款的账务处理

企业借入长期借款,应按实际收到的金额借记"银行存款"科目,按借款本金贷记"长期借款——本金"科目,如存在差额,还应借记"长期借款——利息调整"科目。

资产负债表日,应按确定的长期借款的利息费用,借记"在建工程"、"制造费用"、"财务费用"、"研发支出"等科目,按确定的应付未付利息,贷记"应付利息"科目,按其差额,贷记"长期借款——利息调整"等科目。

【例 5-4】 大元公司 2014 年 1 月 1 日为购进固定资产,从市工商银行借入两年期借款 80 万元,该借款合同约定利率为年利 5％,且借款期内实际利率与合同利率差异很小;按年计息,到期一次还本付息;借款当即全部投入固定资产购建项目,购建的固定资产于第一年末达到预定可使用状态。公司的账务处理如②所示:

②-1　借入款项存入银行:

借:银行存款　　　　　　　　　　　　　　　　　　　　　　　　800 000
　　贷:长期借款——市工商银行(本金)　　　　　　　　　　　　　　800 000

②-2　第一年末计提利息时:

借:在建工程(800 000×5％)　　　　　　　　　　　　　　　　　 40 000
　　贷:应付利息——市工商银行　　　　　　　　　　　　　　　　　 40 000

②-3　第二年末计提利息时:

借:财务费用(800 000×5％)　　　　　　　　　　　　　　　　　 40 000
　　贷:应付利息——市工商银行　　　　　　　　　　　　　　　　　 40 000

②-4　借款到期,还本付息时:

借:长期借款——市工商银行(本金)　　　　　　　　　　　　　　800 000
　　应付利息——市工商银行　　　　　　　　　　　　　　　　　　 80 000
　　贷:银行存款　　　　　　　　　　　　　　　　　　　　　　　　880 000

现将上述负债筹集 2 例绘成核算图,如图 5-2 所示。

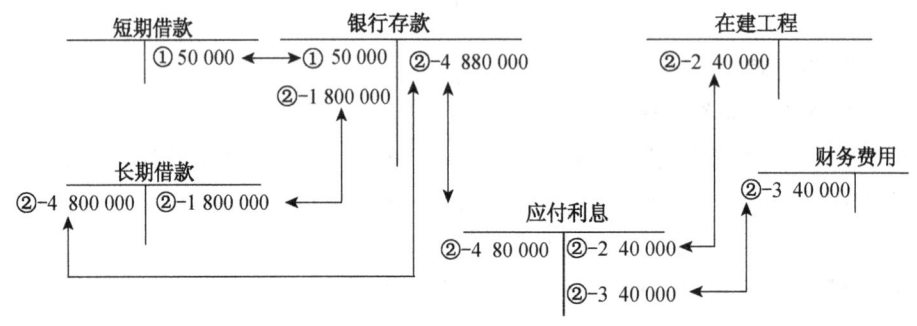

图 5-2　负债筹集核算示意图

第三节　固定资产业务的账务处理

一、固定资产的概念与特征

固定资产是指为生产商品、提供劳务、出租或者经营管理而持有、使用寿命超过一个会计年度的有形资产。

固定资产同时具有以下特征:①属于一种有形资产;②为生产商品、提供劳务、出租或者经营管理而持有;③使用寿命超过一个会计年度。

二、固定资产的成本

固定资产的成本是指企业购建某项固定资产达到预定可使用状态前所发生的一切合理、必要的支出。

企业可以通过外购、自行建造、投资者投入、非货币性资产交换、债务重组、企业合并和融资租赁等方式取得固定资产。不同取得方式下,固定资产成本的具体构成内容及其确定方法也不尽相同。

外购固定资产的成本,包括购买价款、相关税费[2009年1月1日增值税转型改革后,企业购建(包括购进、接受捐赠、实物投资、自制、改扩建和安装)生产用固定资产发生的增值税进项税额可以从销项税额中抵扣]、使固定资产达到预定可使用状态前所发生的可归属于该项资产的运输费、装卸费、安装费和专业人员服务费等。

三、固定资产的折旧

固定资产折旧是指在固定资产使用寿命内,按照确定的方法对应计折旧额进行的系统分摊。其中,应计折旧额是指应当计提折旧的固定资产的原价扣除其预计净残值后的金额。已计提减值准备的固定资产,还应当扣除已计提的固定资产减值准备累计金额。

预计净残值是指假定固定资产的预计使用寿命已满并处于使用寿命终了时的预期状态,企业目前从该项资产的处置中获得的扣除预计处置费用后的金额。预计净残值率是指固定资产预计净残值额占其原价的比率。企业应当根据固定资产的性质和使用情况,合理确定固定资产的预计净残值。预计净残值一经确定,不得随意变更。

企业应当按月对所有的固定资产计提折旧,但是,已提足折旧仍继续使用的固定资产、单独计价入账的土地和持有待售的固定资产除外。提足折旧是指已经提足该项固定资产的应计折旧额。当月增加的固定资产,当月不计提折旧,从下月起计提折旧;当月减少的固定资产,当月仍计提折旧,从下月起不计提折旧。提前报废的固定资产,不再补提折旧。

企业可选用的折旧方法有年限平均法、工作量法、双倍余额递减法和年数总和法等。本大纲重点介绍年限平均法和工作量法。

年限平均法,又称直线法,是指将固定资产的应计折旧额均匀地分摊到固定资产预计使用寿命内的一种方法,各月应计提折旧额的计算公式如下:

$$月折旧额 = (固定资产原价 - 预计净残值) \times 月折旧率$$

其中:月折旧率=年折旧率÷12

$$年折旧率 = \frac{1}{预计使用寿命(年)} \times 100\%$$

工作量法,是根据实际工作量计算每期应提折旧额的一种方法。计算公式如下:

某项固定资产月折旧额＝该项固定资产当月工作量×单位工作量折旧额

其中：单位工作量折旧额＝$\dfrac{\text{固定资产原价}\times(1-\text{预计净残值率})}{\text{预计总工作量}}$

不同的固定资产折旧方法，将影响固定资产使用寿命期间内不同时期的折旧费用。企业应当根据与固定资产有关的经济利益的预期实现方式合理选择折旧方法，固定资产的折旧方法一经确定，不得随意变更。

固定资产在其使用过程中，因所处经济环境、技术环境以及其他环境均有可能发生很大变化，企业至少应当于每年年度终了，对固定资产的使用寿命、预计净残值和折旧方法进行复核。固定资产使用寿命、预计净残值和折旧方法的改变，应当作为会计估计变更。

四、账户设置

企业通常设置以下账户对固定资产业务进行会计核算：

1."在建工程"账户

"在建工程"账户属于资产类账户，用以核算企业基建、更新改造等在建工程发生的支出。

该账户借方登记企业各项在建工程的实际支出，贷方登记工程达到预定可使用状态时转出的成本等。期末余额在借方，反映企业期末尚未达到预定可使用状态的在建工程的成本。

该账户可按"建筑工程"、"安装工程"、"在安装设备"、"待摊支出"以及单项工程等进行明细核算。"在建工程"账户结构如表5-8所示。

表5-8

借方	在建工程	贷方
工程发生的全部支出	结转完工工程成本	
期末未完工工程成本		

2."工程物资"账户

"工程物资"账户属于资产类账户，用以核算企业为在建工程准备的各种物资的成本，包括工程用材料、尚未安装的设备以及为生产准备的工器具等。

该账户借方登记企业购入工程物资的成本，贷方登记领用工程物资的成本。期末余额在借方，反映企业期末为在建工程准备的各种物资的成本。

该账户可按"专用材料"、"专用设备"、"工器具"等进行明细核算。"工程物资"账户结构如表5-9所示。

表5-9

借方	工程物资	贷方
为在建工程准备的各种物资成本	工程领用的各种物资成本	
期末结存的工程物资成本		

3. "固定资产"账户

"固定资产"账户属于资产类账户,用以核算企业持有的固定资产原价。

该账户的借方登记固定资产原价的增加,贷方登记固定资产原价的减少。期末余额在借方,反映企业期末固定资产的原价。

该账户可按固定资产类别和项目进行明细核算。"固定资产"账户结构如表5-10所示。

表5-10

借方	固定资产	贷方
增加的固定资产原价	减少的固定资产原价	
固定资产的账面原价		

4. "累计折旧"账户

"累计折旧"账户属于资产类备抵账户,用以核算企业固定资产计提的累计折旧。

该账户贷方登记按月提取的折旧额,即累计折旧的增加额,借方登记因减少固定资产而转出的累计折旧。期末余额在贷方,反映期末固定资产的累计折旧额。

该账户可按固定资产的类别或项目进行明细核算。"累计折旧"账户结构如表5-11所示。

表5-11

借方	累计折旧	贷方
减少的固定资产转出的累计已提折旧额	计提的折旧额	
	固定资产折旧累计数	

五、账务处理

(一) 固定资产的购入

企业购入不需要安装的固定资产,按应计入固定资产成本的金额,借记"固定资产"、"应交税费——应交增值税(进项税额)"科目,贷记"银行存款"等科目。

【例5-5】 大元公司购入一台不需要安装的设备,增值税专用发票上注明的设备价款为80万元,增值税为13.6万元,运输费6 000元(可抵扣的增值税为7%),款项已通过银行存款支付。公司的账务处理如①所示:

① 借:固定资产　　　　　　　　　　　　　　　　　　　　805 580
　　　应交税费——应交增值税(进项税额)(＝136 000＋6 000×7%)　136 420
　　　　贷:银行存款　　　　　　　　　　　　　　　　　　942 000

(二) 固定资产的折旧

企业按月计提的固定资产折旧,根据固定资产的用途计入相关资产的成本或者当期损益,借记"制造费用"、"销售费用"、"管理费用"、"研发支出"、"其他业务成本"等科目,贷记"累计折旧"科目。

【例 5-6】 6 月份,大元公司应计提固定资产折旧 230 300。其中:车间计提折旧 83 000 元;管理部门计提折旧 89 000 元;专设销售机构计提折旧 58 300 元。公司的账务处理如②所示:

② 借:制造费用　　　　　　　　　　　　　　　　　　　83 000
　　　 管理费用　　　　　　　　　　　　　　　　　　　　89 000
　　　 销售费用　　　　　　　　　　　　　　　　　　　　58 300
　　 贷:累计折旧　　　　　　　　　　　　　　　　　　　230 300

现将[例 5-5]和[例 5-6]的固定资产核算绘成核算图,如图 5-3 所示。

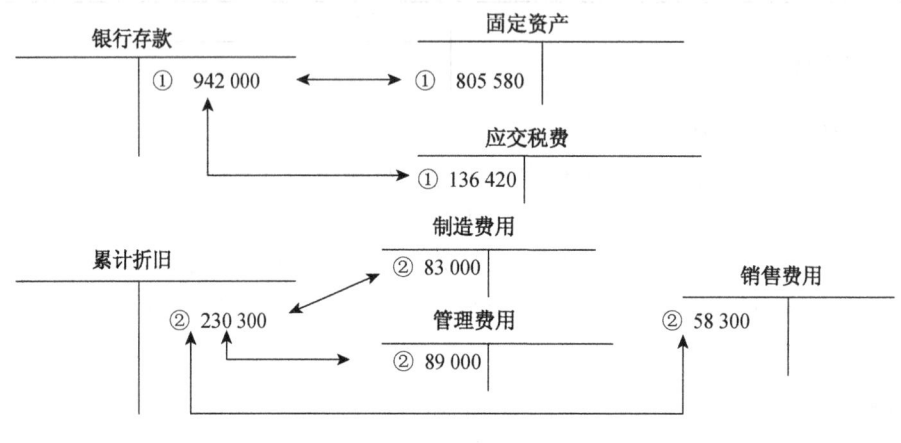

图 5-3　固定资产核算示意图

第四节　材料采购业务的账务处理

一、材料的采购成本

材料的采购成本是指企业物资从采购到入库前所发生的全部支出,包括购买价款、相关税费、运输费、装卸费、保险费以及其他可归属于采购成本的费用。在实务中,企业也可以将发生的运输费、装卸费、保险费以及其他可归属于采购成本的费用等先进行归集,期末,按照所购材料的存销情况进行分摊。

二、账户设置

企业通常设置以下账户对材料采购业务进行会计核算。

1. "原材料"账户

"原材料"账户属于资产类账户,用以核算企业库存的各种材料,包括原料及主要材料、辅助材料、外购半成品(外购件)、修理用备件(备品备件)、包装材料、燃料等的计划成本或实际成本。企业收到来料加工装配业务的原料、零件等,应当设置备查簿进行登记。

该账户借方登记已验收入库材料的成本,贷方登记发出材料的成本。期末余额在借方,反映企业库存材料的计划成本或实际成本。

该账户可按材料的保管地点(仓库)、材料的类别、品种和规格等进行明细核算。"原材料"账户结构如表5-12所示。

表5-12

借方	原材料	贷方
入库材料的实际成本或计划成本	发出材料的实际成本或计划成本	
库存材料的实际成本或计划成本		

2. "材料采购"账户

"材料采购"账户属于资产类账户,用以核算企业采用计划成本进行材料日常核算而购入材料的采购成本。

该账户借方登记企业采用计划成本进行核算时,采购材料的实际成本以及材料入库时结转的节约差异,贷方登记入库材料的计划成本以及材料入库时结转的超支差异。期末余额在借方,反映企业在途材料的采购成本。

该账户可按供应单位和材料品种进行明细核算。"材料采购"账户结构如表5-13所示。

表5-13

借方	材料采购	贷方
购入材料的买价和采购费用	按实际采购成本转入"原材料"账户借方的数额	
尚未验收入库的在途材料		

3. "材料成本差异"账户

"材料成本差异"账户属于资产类账户,用以核算企业采用计划成本进行日常核算的材料计划成本与实际成本的差额。

该账户借方登记入库材料形成的超支差异以及转出的发出材料应负担的节约差异,贷方登记入库材料形成的节约差异以及转出的发出材料应负担的超支差异。期末余额在借方,反映企业库存材料等的实际成本大于计划成本的差异;期末余额在贷方,反映企业库存材料等的实际成本小于计划成本的差异。

该账户可以分别"原材料"、"周转材料"等,按照类别或品种进行明细核算。"材料成本差异"账户结构如表5-14所示。

表5-14

借方	材料成本差异	贷方
入库材料形成的超支差异以及转出的发出材料应负担的节约差异	入库材料形成的节约差异以及转出的发出材料应负担的超支差异	
库存材料的超支差异	库存材料的节约差异	

4."在途物资"账户

"在途物资"账户属于资产类账户,用以核算企业采用实际成本(或进价)进行材料、商品等物资的日常核算、货款已付尚未验收入库的在途物资的采购成本。

该账户借方登记购入材料、商品等物资的买价和采购费用(采购实际成本),贷方登记已验收入库材料、商品等物资应结转的实际采购成本。期末余额在借方,反映企业期末在途材料、商品等物资的采购成本。

该账户可按供应单位和物资品种进行明细核算。"在途物资"账户结构如表 5-15 所示。

表 5-15

借方	在途物资	贷方
购入材料的采购成本	验收入库材料的采购成本	
尚未入库的在途材料的采购成本		

5."应付账款"账户

"应付账款"账户属于负债类账户,用以核算企业因购买材料、商品和接受劳务等经营活动应支付的款项。

该账户贷方登记企业因购入材料、商品和接受劳务等尚未支付的款项,借方登记偿还的应付账款。期末余额一般在贷方,反映企业期末尚未支付的应付账款余额;如果在借方,反映企业期末预付账款余额。

该账户可按债权人进行明细核算。"应付账款"账户结构如表 5-16 所示。

表 5-16

借方	应付账款	贷方
偿还供应单位款项	应付供应单位款项	
	尚未偿还的应付款项	

6."应付票据"账户

"应付票据"账户属于负债类账户,用以核算企业购买材料、商品和接受劳务等开出、承兑的商业汇票,包括银行承兑汇票和商业承兑汇票。

该账户贷方登记企业开出、承兑的商业汇票,借方登记企业已经支付或者到期无力支付的商业汇票。期末余额在贷方,反映企业尚未到期的商业汇票的票面金额。该账户可按债权人进行明细核算。"应付票据"账户结构如表 5-17 所示。

表 5-17

借方	应付票据	贷方
到期应付票据的减少	开出、承兑的商业汇票	
	尚未到期的商业汇票面额	

7. "预付账款"账户

"预付账款"账户属于资产类账户，用以核算企业按照合同规定预付的款项。预付款项情况不多的，也可以不设置该账户，将预付的款项直接记入"应付账款"账户。

该账户的借方登记企业因购货等业务预付的款项，贷方登记企业收到货物后应支付的款项等。期末余额在借方，反映企业预付的款项；期末余额在贷方，反映企业尚需补付的款项。

该账户可按供货单位进行明细核算。"预付账款"账户结构如表5-18所示。

表 5-18

借方	预付账款	贷方
预付给供应单位的货款和补付的款项		收到所购货物和退回多付的款项
实际预付的款项		

8. "应交税费"账户

"应交税费"账户属于负债类账户，用以核算企业按照税法等规定计算应交纳的各种税费，包括增值税、消费税、营业税、所得税、资源税、土地增值税、城市维护建设税、房产税、土地使用税、车船使用税、教育费附加、矿产资源补偿费等，企业代扣代交的个人所得税，也通过本账户核算。

该账户贷方登记各种应交未交税费的增加额，借方登记实际缴纳的各种税费。期末余额在贷方，反映企业尚未交纳的税费；期末余额在借方，反映企业多交或尚未抵扣的税费。

该账户可按应交的税费项目进行明细核算。"应交税费"账户结构如表5-19所示。

表 5-19

借方	应交税费	贷方
实际缴纳的税费		应缴纳的各种税费
		尚未交纳的税费

三、账务处理

材料的日常收发结存可以采用实际成本核算，也可以采用计划成本核算。

（一）实际成本法核算的账务处理

实际成本法下，一般通过"原材料"和"在途物资"等科目进行核算。企业外购材料时，按材料是否验收入库分为以下两种情况。

1. 材料已验收入库

如果货款已经支付，发票账单已到，材料已验收入库，按支付的实际金额，借记"原材料"、"应交税费——应交增值税(进项税额)"等科目，贷记"银行存款"、"预付账款"等科目。

如果货款尚未支付，材料已经验收入库，按相关发票凭证上应付的金额，借记"原材料"、"应交税费——应交增值税（进项税额）"等科目，贷记"应付账款"、"应付票据"等科目。

如果货款尚未支付，材料已经验收入库，但月末仍未收到相关发票凭证，按照暂估价入账，即借记"原材料"科目，贷记"应付账款"等科目。下月初作相反分录予以冲回，收到相关发票账单后再编制会计分录。

【例 5-7】 向外地某单位购入甲材料 4 000 千克，每千克 8 元；乙材料 2 000 千克，每千克 4 元；共计 40 000 元，增值税税率 17%，计 6 800 元。材料已验收入库，货款以商业汇票一张付讫。

这笔经济业务的发生，一方面表明甲、乙两种材料的买价是 40 000 元，应记入"原材料"账户的借方，增值税额 6 800 元记入"应交税费"账户的借方；另一方面表明货款以商业汇票支付，形成企业对供应单位的债务，应记入"应付票据"账户的贷方。其会计分录如①所示：

① 借：原材料——甲材料　　　　　　　　　　　　　　　32 000
　　　　　　——乙材料　　　　　　　　　　　　　　　　 8 000
　　　应交税费——应交增值税(进项税额)　　　　　　　　 6 800
　　贷：应付票据　　　　　　　　　　　　　　　　　　　46 800

【例 5-8】 向外地乙单位购入 A 材料一批，价款 30 000 元，增值税额 5 100 元。材料已验收入库，但发票、账单尚未到达，货款尚未支付。至月末仍未收到发票、账单，按暂估价入账，假设暂估价为 30 000 元。公司账务处理如②所示：

月末暂估入账时：

②-1　借：原材料——A 材料　　　　　　　　　　　　　　 30 000
　　　　贷：应付账款——暂估应付账款　　　　　　　　　　 30 000

下月初用红字冲销上月末的暂估入账记录：

②-2　借：原材料——A 材料　　　　　　　　　　　　　　 30 000
　　　　贷：应付账款——暂估应付账款　　　　　　　　　　 30 000

下月或以后月份收到有关结算凭证，以存款支付款项时：

②-3　借：原材料——A 材料　　　　　　　　　　　　　　 30 000
　　　　应交税费——应交增值税(进项税额)　　　　　　　　 5 100
　　　贷：银行存款　　　　　　　　　　　　　　　　　　 35 100

2. 材料尚未验收入库

如果货款已经支付，发票账单已到，但材料尚未验收入库，按支付的金额，借记"在途物资"、"应交税费——应交增值税（进项税额）"等科目，贷记"银行存款"等科目；待验收入库时再作后续分录：借记"原材料"，贷记"在途物资"。对于可以抵扣的增值税进项税额，一般纳税人企业应根据收到的增值税专用发票上注明的增值税额，借记"应交税费——应交增值税（进项税额）"科目。

【例 5-9】 如[例 5-7],如果材料尚未验收入库,则会计分录如③所示:
③ 借:在途物资——某公司　　　　　　　　　　　　　　　　　40 000
　　　应交税费——应交增值税(进项税额)　　　　　　　　　　　6 800
　　贷:应付票据　　　　　　　　　　　　　　　　　　　　　　　46 800
现将[例 5-7]、[例 5-8]和[例 5-9]的材料采购(实际成本)核算绘成核算图,如图 5-4 所示。

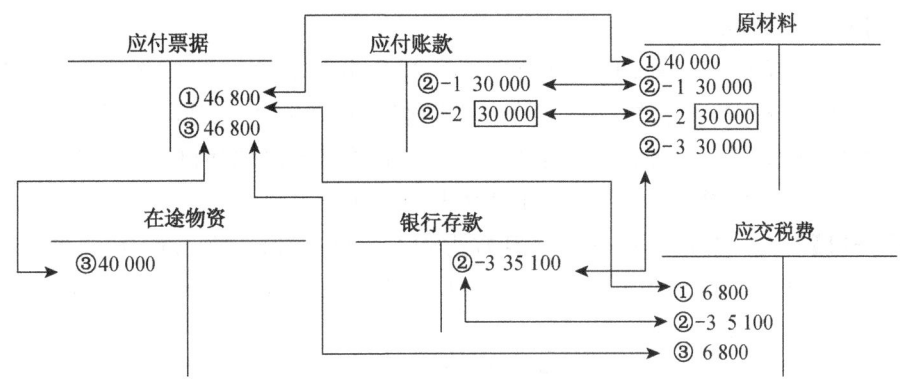

图 5-4　材料采购(实际成本)核算示意图

(二) 计划成本法核算的账务处理

计划成本法下,一般通过"材料采购"、"原材料"、"材料成本差异"等科目进行核算。企业外购材料时,按材料是否验收入库分为以下两种情况:

1. 材料已验收入库

如果货款已经支付,发票账单已到,材料已验收入库,按支付的实际金额,借记"材料采购"科目,贷记"银行存款"科目;按计划成本金额,借记"原材料"科目,贷记"材料采购"科目;按计划成本与实际成本之间的差额,借记(或贷记)"材料采购"科目,贷记(或借记)"材料成本差异"科目。

如果货款尚未支付,材料已经验收入库,按相关发票凭证上应付的金额,借记"材料采购"科目,贷记"应付账款"、"应付票据"等科目;按计划成本金额,借记"原材料"科目,贷记"材料采购"科目;按计划成本与实际成本之间的差额,借记(或贷记)"材料采购"科目,贷记(或借记)"材料成本差异"科目。

如果材料已经验收入库,货款尚未支付,月末仍未收到相关发票凭证,按照计划成本暂估入账,即借记"原材料"科目,贷记"应付账款"等科目。下月初作相反分录予以冲回,收到账单后再编制会计分录。

【例 5-10】 大元公司购入甲材料一批,货款 10 万元,增值税 1.7 万元,发票账单已收到,计划成本为 11 万元,材料已验收入库,价款以银行存款支付,其会计分录如①所示:
• 按实际价格付款时:
①-1 借:材料采购——大元公司　　　　　　　　　　　　　　100 000
　　　应交税费——应交增值税(进项税额)　　　　　　　　　17 000
　　贷:银行存款　　　　　　　　　　　　　　　　　　　　　117 000

- 材料验收入库时：

①-2 借：原材料——甲材料　　　　　　　　　　　　　　　　110 000
　　　贷：材料采购——原材料　　　　　　　　　　　　　　　110 000

- 结转入库材料成本差异：

①-3 借：材料采购——原材料　　　　　　　　　　　　　　　 10 000
　　　贷：材料成本差异——原材料　　　　　　　　　　　　　 10 000

2. 材料尚未验收入库

如果相关发票凭证已到，但材料尚未验收入库，按支付或应付的实际金额，借记"材料采购"科目，贷记"银行存款"、"应付账款"等科目；待验收入库时再作后续分录。对于可以抵扣的增值税进项税额，一般纳税人企业应根据收到的增值税专用发票上注明的增值税额，借记"应交税费——应交增值税（进项税额）"科目。

【例5-11】　大元公司采用支票结算方式购入材料一批，货款1.6万元，增值税2 720元，发票账单已收到，计划成本1.7万元，材料尚未入库。其账务处理如②所示：

② 借：材料采购——原材料　　　　　　　　　　　　　　　　16 000
　　　 应交税费——应交增值税（进项税额）　　　　　　　　　 2 720
　　贷：银行存款　　　　　　　　　　　　　　　　　　　　　18 720

【例5-12】　大元公司采用委托收款结算方式从A公司购入丙材料一批，材料已验收入库，月末发票账单尚未到达，计划价格为8.3万元。月末按计划成本暂估入账时账务处理如③所示：

③ 借：原材料——丙材料　　　　　　　　　　　　　　　　　83 000
　　贷：应付账款——A公司　　　　　　　　　　　　　　　　83 000

下月初用红字冲销时如④所示：

④ 借：原材料 ——丙材料　　　　　　　　　　　　　　　　　83 000
　　贷：应付账款——A公司　　　　　　　　　　　　　　　　83 000

以后发票账单到后按正常业务做分录。

现将[例5-10]、[例5-11]和[例5-12]中材料采购（计划成本）绘成核算图，如图5-5所示。

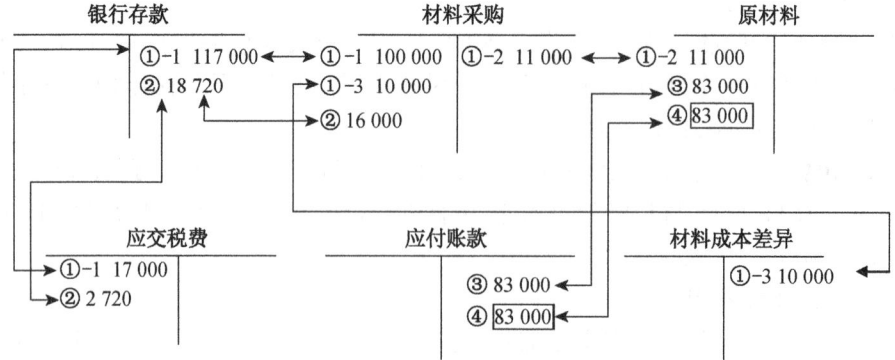

图5-5　材料采购（计划成本）核算示意图

第五节　生产业务的账务处理

企业产品的生产过程同时也是生产资料的耗费过程。企业在生产过程中发生的各项生产费用,是企业为获得收入而预先垫支并需要得到补偿的资金耗费。这些费用最终都要归集、分配给特定的产品,形成产品的成本。

产品成本的核算是指把一定时期内企业生产过程中所发生的费用,按其性质和发生地点,分类归集、汇总、核算,计算出该时期内生产费用发生总额,并按适当方法分别计算出各种产品的实际成本和单位成本等。

一、生产费用的构成

生产费用是指与企业日常生产经营活动有关的费用,按其经济用途可分为直接材料、直接人工和制造费用。

1. 直接材料

直接材料是指构成产品实体的原材料以及有助于产品形成的主要材料和辅助材料。

2. 直接人工

直接人工是指直接从事产品生产的工人的职工薪酬。

3. 制造费用

制造费用是指企业为生产产品和提供劳务而发生的各项间接费用。

二、账户设置

企业通常设置以下账户对生产费用业务进行会计核算:

1. "生产成本"账户

"生产成本"账户属于成本类账户,用以核算企业生产各种产品(产成品、自制半成品等)、自制材料、自制工具、自制设备等发生的各项生产成本。

该账户借方登记应计入产品生产成本的各项费用,包括直接计入产品生产成本的直接材料费、直接人工费和其他直接支出,以及期末按照一定的方法分配计入产品生产成本的制造费用;贷方登记完工入库产成品应结转的生产成本。期末余额在借方,反映企业期末尚未加工完成的在产品成本。

该账户可按基本生产成本和辅助生产成本进行明细分类核算。基本生产成本应当分别按照基本生产车间和成本核算对象(如产品的品种、类别、定单、批别、生产阶段等)设置明细账(或成本计算单),并按照规定的成本项目设置专栏。"生产成本"账户结构如表5-20所示。

表 5-20

借方	生产成本	贷方
直接材料、直接人工、制造费用	完工入库产品的成本	
尚未完工的在产品成本		

2. "制造费用"账户

"制造费用"账户属于成本类账户,用以核算企业生产车间(部门)为生产产品和提供劳务而发生的各项间接费用。

该账户借方登记实际发生的各项制造费用,贷方登记期末按照一定标准分配转入"生产成本"账户借方的应计入产品成本的制造费用。期末结转后,该账户一般无余额。

该账户可按不同的生产车间、部门和费用项目进行明细核算。"制造费用"账户结构如表 5-21 所示。

表 5-21

借方	制造费用	贷方
归集车间或部门发生的各项间接费用	分配转入"生产成本"账户的间接费用	

3. "库存商品"账户

"库存商品"账户属于资产类账户,用以核算企业库存的各种商品的实际成本(或进价)或计划成本(或售价),包括库存产成品、外购商品、存放在门市部准备出售的商品、发出展览的商品以及寄存在外的商品等。

该账户借方登记验收入库的库存商品成本,贷方登记发出的库存商品成本。期末余额在借方,反映企业期末库存商品的实际成本(或进价)或计划成本(或售价)。

该账户可按库存商品的种类、品种和规格等进行明细核算。"库存商品"账户结构如表 5-22 所示。

表 5-22

借方	库存商品	贷方
验收入库商品的实际成本	发出商品的实际成本	
库存商品的实际成本		

4. "应付职工薪酬"账户

"应付职工薪酬"账户属于负债类账户,用以核算企业根据有关规定应付给职工的各种薪酬。

该账户借方登记本月实际支付的职工薪酬数额;贷方登记本月计算的应付职工薪酬总额,包括各种工资、奖金、津贴和福利费等。期末余额在贷方,反映企业应付未付的职工薪酬。

该账户可按"工资"、"职工福利"、"社会保险费"、"住房公积金"、"工会经费"、"职工教育经费"、"非货币性福利"、"辞退福利"、"股份支付"等进行明细核算。"应付职工薪酬"账户结构如表 5-23 所示。

表 5-23

借方	应付职工薪酬	贷方
实际支付工资、福利费等数额		发生的应付职工薪酬
		应付未付的职工薪酬

三、账务处理

（一）材料费用的归集与分配

在确定材料费用时，应根据领料凭证区分车间、部门和不同用途后，按照确定的结果将发出材料的成本借记"生产成本"、"制造费用"、"管理费用"等科目，贷记"原材料"等科目。

对于直接用于某种产品生产的材料费用，应直接计入该产品生产成本明细账中的直接材料费用项目；对于由多种产品共同耗用、应由这些产品共同负担的材料费用，应选择适当的标准在这些产品之间进行分配，按分担的金额计入相应的成本计算对象（生产产品的品种、类别等）；对于为提供生产条件等间接消耗的各种材料费用，应先通过"制造费用"科目进行归集，期末再同其他间接费用一起按照一定的标准分配计入有关产品成本；对于行政管理部门领用的材料费用，应记入"管理费用"科目。

【例 5-13】 从仓库领用甲、乙、丙材料各一批，价值 55 000 元，用以生产 A、B 两种产品和其他一般耗用如表 5-1 所示。

表 5-1 生产 A、B 两种产品耗用资料

项 目	甲材料		乙材料		丙材料		合计	
	数量（千克）	金额（元）	数量（千克）	金额（元）	数量（千克）	金额（元）	数量（千克）	金额（元）
制造 A 产品耗用	1 000	8 000	600	2 400	2 000	20 000		30 400
制造 B 产品耗用	1 000	8 000	300	1 200	1 000	10 000		19 200
小 计	2 000	16 000	900	3 600	3 000	30 000		49 600
车间一般耗用	500	4 000			100	1 000		5 000
管理部门领用			100	400				400
合 计	2 500	20 000	1 000	4 000	3 100	31 000		55 000

这笔经济业务的发生，表明一方面库存材料 55 000 元，应记入"原材料"账户的贷方；另一方面材料投入生产，增加生产费用，其中直接用于 A、B 产品 49 600 元，应直接计入产品成本，记入"生产成本"账户的借方，车间一般耗用材料 5 000 元，行政管理部门耗用材料 400 元，属于间接费用和期间费用，应分别记入"制造费用"和"管理费用"账户的借方。其会计分录如①所示：

① 借：生产成本——A 产品　　　　　　　　　　　　　　　　30 400
　　　　　　——B 产品　　　　　　　　　　　　　　　　19 200

制造费用	5 000
管理费用	400
贷：原材料——甲材料	20 000
——乙材料	4 000
——丙材料	31 000

（二）职工薪酬的归集与分配

职工薪酬是指企业为获得职工提供的服务或解除劳动关系而给予各种形式的报酬或补偿，具体包括短期薪酬、离职后福利、辞退福利和其他长期职工福利。企业提供给职工配偶、子女、受赡养人、已故员工遗属及其他受益人等的福利，也属于职工薪酬。

对于短期职工薪酬，企业应当在职工为其提供服务的会计期间，按实际发生额确认为负债，并计入当期损益或相关资产成本。企业应当根据职工提供服务的受益对象，分别下列情况处理：

（1）应由生产产品、提供劳务负担的短期职工薪酬，计入产品成本或劳务成本。其中，生产工人的短期职工薪酬应借记"生产成本"科目，贷记"应付职工薪酬"科目；生产车间管理人员的短期职工薪酬属于间接费用，应借记"制造费用"科目，贷记"应付职工薪酬"科目。

当企业采用计件工资制时，生产工人的短期职工薪酬属于直接费用，应直接计入有关产品的成本。当企业采用计时工资制时，对于只生产一种产品的生产工人的短期职工薪酬也属于直接费用，应直接计入产品成本；对于同时生产多种产品的生产工人的短期职工薪酬，则需采用一定的分配标准（实际生产工时或定额生产工时等）分配计入产品成本。

（2）应由在建工程、无形资产负担的短期职工薪酬，计入建造固定资产或无形资产成本。

（3）除上述两种情况之外的其他短期职工薪酬应计入当期损益。如企业行政管理部门人员和专设销售机构销售人员的短期职工薪酬均属于期间费用，应分别借记"管理费用"、"销售费用"等科目，贷记"应付职工薪酬"科目。

【例5-14】 结算本月份应付职工工资24 000元。其中：制造A产品工人工资14 000元，制造B产品工人工资6 000元，车间管理人员工资1 600元，厂部管理人员工资2 400元。

这笔经济业务的发生，一方面说明本月份发生的应付给职工工资24 000元，应记入"应付职工薪酬"账户的贷方；另一方面说明工资费用也增加了24 000元，其中制造A、B产品的生产工人工资属于直接费用，应直接计入产品成本，记入"生产成本"账户的借方，车间和厂部管理人员工资属于间接费用和期间费用，应分别记入"制造费用"和"管理费用"账户的借方。其会计分录如②所示：

② 借：生产成本——A产品	14 000
——B产品	6 000
制造费用	1 600

　　　　管理费用　　　　　　　　　　　　　　　　　　　　　　　2 400
　　　贷：应付职工薪酬——工资　　　　　　　　　　　　　　　　　　24 000

【例 5-15】 从银行存款中提取库存现金 24 000 元，准备用以发放职工工资。

这笔经济业务的发生，表明一方面使企业增加了 24 000 元库存现金，应记入"库存现金"账户的借方；另一方面银行存款减少了 24 000 元，应记入"银行存款"账户的贷方。其会计分录如③所示：

　③ 借：库存现金　　　　　　　　　　　　　　　　　　　　　　24 000
　　　贷：银行存款　　　　　　　　　　　　　　　　　　　　　　　　24 000

【例 5-16】 以现金 24 000 元发放职工工资。

这笔经济业务的发生，一方面说明现金减少 24 000 元，应记入"现金"账户的贷方；另一方面应付职工薪酬也减少了 24 000 元，应记入"应付职工薪酬"账户的借方。其会计分录如④所示：

　④ 借：应付职工薪酬——工资　　　　　　　　　　　　　　　　　24 000
　　　贷：库存现金　　　　　　　　　　　　　　　　　　　　　　　　24 000

【例 5-17】 按职工工资总额的 14% 计提职工福利费。

提取职工福利费时，一方面要记入费用；另一方面形成一笔应付款项。因此，这笔经济业务要按照工资费用的归属分别记入"生产成本"、"制造费用"、"管理费用"等有关账户的借方和记入"应付福利费"账户的贷方。

本月应计提职工福利费如下：

A 产品生产工人工资计提数：14 000×14%＝1 960(元)
B 产品生产工人工资计提数：6 000×14%＝840(元)
车间管理人员工资计提数：1 600×14%＝224(元)
厂部管理人员工资计提数：2 400×14%＝336(元)

其会计分录如⑤所示：

　⑤ 借：生产成本——A 产品　　　　　　　　　　　　　　　　　1 960
　　　　　　　　——B 产品　　　　　　　　　　　　　　　　　　840
　　　　制造费用　　　　　　　　　　　　　　　　　　　　　　　224
　　　　管理费用　　　　　　　　　　　　　　　　　　　　　　　336
　　　贷：应付职工薪酬——职工福利　　　　　　　　　　　　　　3 360

（三）制造费用的归集与分配

企业发生的制造费用，应当按照合理的分配标准按月分配计入各成本核算对象的生产成本。企业可以采取的分配标准包括机器工时、人工工时、计划分配率等。

企业发生制造费用时，借记"制造费用"科目，贷记"累计折旧"、"银行存款"、"应付职工薪酬"等科目；结转或分摊时，借记"生产成本"等科目，贷记"制造费用"科目。

【例 5-18】 按照规定的固定资产折旧率，计提本月固定资产折旧 12 600 元，其中车间固定资产折旧 8 000 元，行政管理部门固定资产折旧 4 600 元。

固定资产在使用过程中所磨损的一部分价值称为固定资产折旧。这部分价值应按照固定资产原始价值和核定的折旧率按月计算折旧费用计入制造费用或期间费用。因此,这笔经济业务一方面要反映折旧费用增加,分别记入"制造费用"和"管理费用"账户的借方;另一方面要反映固定资产折旧增加,要记入"累计折旧"账户的贷方。其会计分录如⑥所示:

⑥ 借:制造费用　　　　　　　　　　　　　　　　　　　　　8 000
　　　管理费用　　　　　　　　　　　　　　　　　　　　　　4 600
　　贷:累计折旧　　　　　　　　　　　　　　　　　　　　　12 600

【例5-19】　本月车间耗用水电费3 676元,车间固定资产修理费1 964元,款项未付。

这笔经济业务的发生,一方面要增加生产过程中的间接费用和固定资产的后续支出,分别计入产品生产成本和期间费用,要记入"制造费用"和"管理费用"账户的借方;另一方面记入"其他应付款"的贷方。其会计分录如⑦所示:

⑦ 借:制造费用　　　　　　　　　　　　　　　　　　　　　3 676
　　　管理费用　　　　　　　　　　　　　　　　　　　　　　1 964
　　贷:其他应付款　　　　　　　　　　　　　　　　　　　　5 640

【例5-20】　将本月发生的制造费用18 500元转入"生产成本"账户。经过计算,A产品应负担制造费用12 950元,B产品应负担制造费用5 550元。

制造费用是产品生产成本的组成部分,月末应将月内归集的各种间接生产费用从"制造费用"账户转入"生产成本"账户,以反映产品生产成本。这笔经济业务一方面要转销制造费用,记入"制造费用"账户的贷方;另一方面要增加产品制造成本,记入"生产成本"账户的借方。其会计分录如⑧所示:

⑧ 借:生产成本——A产品　　　　　　　　　　　　　　　　12 950
　　　　　　——B产品　　　　　　　　　　　　　　　　　　5 550
　　贷:制造费用　　　　　　　　　　　　　　　　　　　　　18 500

(四) 完工产品生产成本的计算与结转

产品生产成本计算是指将企业生产过程中为制造产品所发生的各种费用按照成本计算对象进行归集和分配,以便计算各种产品的总成本和单位成本。有关产品成本信息是进行库存商品计价和确定销售成本的依据,产品生产成本计算是会计核算的一项重要内容。

企业应设置产品生产成本明细账,用来归集应计入各种产品的生产费用。通过对材料费用、职工薪酬和制造费用的归集和分配,企业各月生产产品所发生的生产费用已记入"生产成本"科目中。

如果月末某种产品全部完工,该种产品生产成本明细账所归集的费用总额,就是该种完工产品的总成本,用完工产品总成本除以该种产品的完工总产量即可计算出该种产品的单位成本。如果月末某种产品全部未完工,该种产品生产成本明细账所归集的费用总额就是该种产品在产品的总成本。

如果月末某种产品一部分完工,一部分未完工,这时归集在产品成本明细账中的费用总额还要采取适当的分配方法在完工产品和在产品之间进行分配,然后才能计算出完工产品的总成本和单位成本。完工产品成本的基本计算公式为:

完工产品生产成本＝期初在产品成本＋本期发生的生产费用－期末在产品成本

当产品生产完成并验收入库时,借记"库存商品"科目,贷记"生产成本"科目。

【例5-21】 本月A产品100台全部制造完工,并已验收入库,按其实际成本50 000元转账。

A产品的实际成本是根据A产品的明细分类账户的记录计算确定的。这笔经济业务说明A产品已全部制造完工,并已验收入库。一方面表示产品生产完成应按实际成本转账,记入"生产成本"账户的贷方;另一方面表示产成品增加,记入"库存商品"账户的借方。其会计分录如⑨所示:

⑨ 借:库存商品——A产品　　　　　　　　　　　　　　50 000
　　贷:生产成本——A产品　　　　　　　　　　　　　　　　50 000

现将上述生产业务的9例绘成核算图,如图5-6所示。

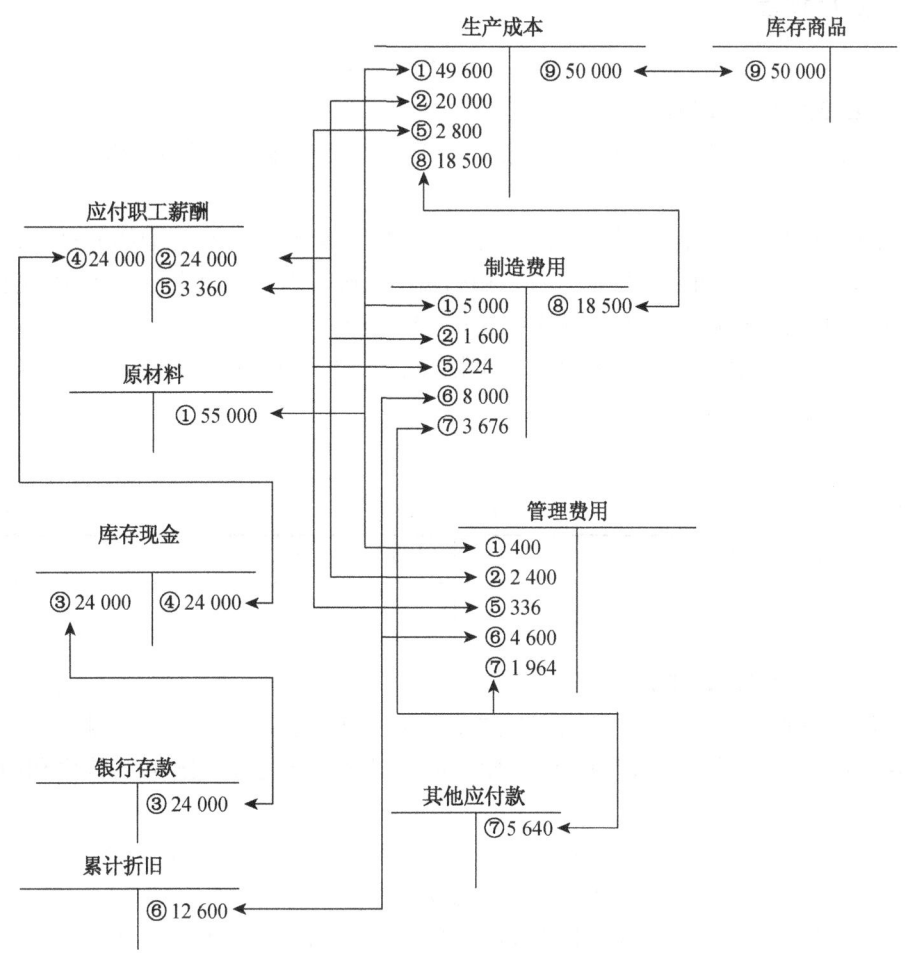

图5-6　生产业务核算示意图

第六节 销售业务的账务处理

销售业务的账务处理涉及商品销售、其他销售等业务收入、成本、费用和相关税费的确认与计量等内容。

一、商品销售收入的确认与计量

企业销售商品收入的确认，必须同时符合以下条件：①企业已将商品所有权上的主要风险和报酬转移给购货方；②企业既没有保留通常与商品所有权相联系的继续管理权，也没有对已售出的商品实施控制；③收入的金额能够可靠地计量；④相关的经济利益很可能流入企业；⑤相关的已发生或将发生的成本能够可靠地计量。

二、账户设置

企业通常设置以下账户对销售业务进行会计核算：

1."主营业务收入"账户

"主营业务收入"账户属于损益类账户，用以核算企业确认的销售商品、提供劳务等主营业务的收入。

该账户贷方登记企业实现的主营业务收入，即主营业务收入的增加额；借方登记期末转入"本年利润"账户的主营业务收入（按净额结转），以及发生销售退回和销售折让时应冲减本期的主营业务收入。期末结转后，该账户无余额。

该账户应按照主营业务的种类设置明细账户，进行明细分类核算。"主营业务收入"账户结构如表 5-24 所示。

表 5-24

借方	主营业务收入	贷方
期末转入"本年利润"账户的收入	企业实现的收入	

2."其他业务收入"账户

"其他业务收入"账户属于损益类账户，用以核算企业确认的除主营业务活动以外的其他经营活动实现的收入，包括出租固定资产、出租无形资产、出租包装物和商品、销售材料等。

该账户贷方登记企业实现的其他业务收入，即其他业务收入的增加额；借方登记期末转入"本年利润"账户的其他业务收入。期末结转后，该账户无余额。

该账户可按其他业务的种类设置明细账户，进行明细分类核算。"其他业务收入"账户结构如表 5-25 所示。

表 5-25

借方	其他业务收入	贷方
期末转入"本年利润"账户的收入		本期确认的其他业务收入

3. "应收账款"账户

"应收账款"账户属于资产类账户，用以核算企业因销售商品、提供劳务等经营活动应收取的款项。

该账户借方登记由于销售商品以及提供劳务等发生的应收账款，包括应收取的价款、税款和代垫款等；贷方登记已经收回的应收账款。期末余额通常在借方，反映企业尚未收回的应收账款；期末余额如果在贷方，反映企业预收的账款。

该账户应按不同的债务人进行明细分类核算。"应收账款"账户结构如表 5-26 所示。

表 5-26

借方	应收账款	贷方
发生的应收账款		已收回的应收账款
尚未收回的应收账款		

4. "应收票据"账户

"应收票据"账户属于资产类账户，用以核算企业因销售商品、提供劳务等而收到的商业汇票。

该账户借方登记企业收到的应收票据，贷方登记票据到期收回的应收票据；期末余额在借方，反映企业持有的商业汇票的票面金额。

该账户可按开出、承兑商业汇票的单位进行明细核算。"应收票据"账户结构如表 5-27 所示。

表 5-27

借方	应收票据	贷方
本期收到的商业汇票		到期(或提前贴现)票据
尚未收回的票据应收款		

5. "预收账款"账户

"预收账款"账户属于负债类账户，用以核算企业按照合同规定预收的款项。预收账款情况不多的，也可以不设置本账户，将预收的款项直接记入"应收账款"账户。

该账户贷方登记企业向购货单位预收的款项等，借方登记销售实现时按实现的收入转销的预收款项等。期末余额在贷方，反映企业预收的款项；期末余额在借方，反映企业已转销但尚未收取的款项。

该账户可按购货单位进行明细核算。"预收账款"账户结构如表 5-28 所示。

表 5-28

借方	预收账款	贷方
销售实现时按实现的收入转销的预收款项	企业向购货单位预收的款项	
企业已转销但尚未收取的款项	企业预收的款项	

6."主营业务成本"账户

"主营业务成本"账户属于损益类账户,用以核算企业确认销售商品、提供劳务等主营业务收入时应结转的成本。

该账户借方登记主营业务发生的实际成本,贷方登记期末转入"本年利润"账户的主营业务成本。期末结转后,该账户无余额。

该账户可按主营业务的种类设置明细账户,进行明细分类核算。"主营业务成本"账户结构如表 5-29 所示。

表 5-29

借方	主营业务成本	贷方
结转的已销商品的实际成本	期末转入"本年利润"账户的销售成本	

7."其他业务成本"账户

"其他业务成本"账户属于损益类账户,用以核算企业确认的除主营业务活动以外的其他经营活动所发生的支出,包括销售材料的成本、出租固定资产的折旧额、出租无形资产的摊销额、出租包装物的成本或摊销额等。

该账户借方登记其他业务的支出额,贷方登记期末转入"本年利润"账户的其他业务支出额。期末结转后,该账户无余额。

该账户可按其他业务的种类设置明细账户,进行明细分类核算。"其他业务成本"账户结构如表 5-30 所示。

表 5-30

借方	其他业务成本	贷方
发生的其他业务成本	期末转入"本年利润"账户的其他业务成本	

8."营业税金及附加"账户

"营业税金及附加"账户属于损益类账户,用以核算企业经营活动发生的营业税、消费税、城市维护建设税、资源税和教育费附加等相关税费。需注意的是,房产税、车船税、土地使用税、印花税通过"管理费用"账户核算,但与投资性房地产相关的房产税、土地使用税通过该账户核算。

该账户借方登记企业应按规定计算确定的与经营活动相关的税费,贷方登记期末转入"本年利润"账户的与经营活动相关的税费。期末结转后,该账户无余额。"营业税金及附加"账户结构如表 5-31 所示。

表 5-31

借方	营业税金及附加	贷方
应由本期负担的税费		期末转入"本年利润"账户的营业税金及附加

三、账务处理

(一)主营业务收入的账务处理

企业销售商品或提供劳务实现的收入,应按实际收到、应收或者预收的金额,借记"银行存款"、"应收账款"、"应收票据"、"预收账款"等科目,按确认的营业收入,贷记"主营业务收入"科目。

对于增值税销项税额,一般纳税人应贷记"应交税费——应交增值税(销项税额)"科目;小规模纳税人应贷记"应交税费——应交增值税"科目。

【例 5-22】 向本市某工厂出售 A 产品 100 台,每台售价 921 元,计 92 100 元,产品已发出,货款尚未收到。应交增值税税率 17%。

这笔经济业务的发生,一方面表明销售产品收入 92 100 元及应交增值税 15 657 元(92 100×17%),应分别记入"主营业务收入"及"应交税费——应交增值税"账户的贷方;另一方面表明应收回销货款及增值税 107 757 元(92 100+15 657),应记入"应收账款"账户的借方。这部分会计分录如①所示:

① 借:应收账款　　　　　　　　　　　　　　　　　　107 757
　　贷:主营业务收入　　　　　　　　　　　　　　　　　92 100
　　　　应交税费——应交增值税(销项税额)　　　　　　15 657

(二)主营业务成本的账务处理

期(月)末,企业应根据本期(月)销售各种商品、提供各种劳务等实际成本,计算应结转的主营业务成本,借记"主营业务成本"科目,贷记"库存商品"、"劳务成本"等科目。

采用计划成本或售价核算库存商品的,平时的营业成本按计划成本或售价结转,月末,还应结转本月销售商品应分摊的产品成本差异或商品进销差价。

【例 5-23】 结转已销 A 产品 100 台的实际成本 53 552 元。

这笔经济业务的发生,一方面表明库存产品减少,应记入"库存商品"账户的贷方;另一方面表明销售成本增加,应记入"主营业务成本"账户的借方。其会计分录如②所示:

② 借:主营业务成本　　　　　　　　　　　　　　　　53 552
　　贷:库存商品　　　　　　　　　　　　　　　　　　53 552

(三)其他业务收入与成本的账务处理

主营业务和其他业务的划分并不是绝对的,一个企业的主营业务可能是另一个企业的其他业务,即便在同一个企业,不同期间的主营业务和其他业务的内容也不是固定不变的。

当企业发生其他业务收入时,借记"银行存款"、"应收账款"、"应收票据"等科目,按确定的收入金额,贷记"其他业务收入"科目,同时确认有关税金;在结转其他业务收入的同一会计期间,企业应根据本期应结转的其他业务成本金额,借记"其他业务成本"科目,贷记"原材料"、"累计折旧"、"应付职工薪酬"等科目。

【例5-24】 12月26日,大元公司销售甲材料一批,增值税专用发票上注明价款5 000元,增值税850元,货款收到,存入银行。

这笔业务使得企业其他业务收入增加,增值税增加,应记入"其他业务收入"和"应交税费——应交增值税(销项税额)"账户的贷方,因货款已收到,应记入"银行存款"账户的借方。会计分录如③所示。

③ 借:银行存款　　　　　　　　　　　　　　　　　　　　　　5 850
　　贷:其他业务收入　　　　　　　　　　　　　　　　　　　　5 000
　　　　应交税费——应交增值税(销项税额)　　　　　　　　　　850

【例5-25】 12月31日,结转本月销售甲材料的成本3 000元。会计分录如④所示。

④ 借:其他业务成本　　　　　　　　　　　　　　　　　　　　3 000
　　贷:原材料——甲材料　　　　　　　　　　　　　　　　　　3 000

现将[例5-22]至[例5-25]销售业务核算绘成核算图,如图5-7所示。

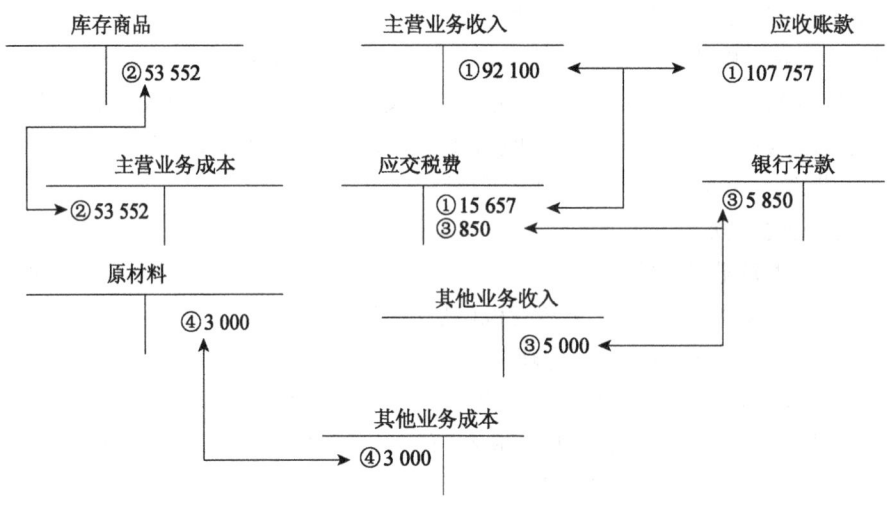

图5-7　销售业务核算示意图

第七节　期间费用的账务处理

一、期间费用的构成

期间费用是指企业日常活动中不能直接归属于某个特定成本核算对象的,在发生时应直接计入当期损益的各种费用。期间费用包括管理费用、销售费用和财务费用。

管理费用是指企业为组织和管理企业生产经营活动所发生的各种费用。

销售费用是指企业销售商品和材料、提供劳务的过程中发生的各种费用。

财务费用是指企业为筹集生产经营所需资金等而发生的筹资费用。

二、账户设置

企业通常设置以下账户对期间费用业务进行会计核算：

1. "管理费用"账户

"管理费用"账户属于损益类账户，用以核算企业为组织和管理企业生产经营所发生的管理费用。

该账户借方登记发生的各项管理费用，贷方登记期末转入"本年利润"账户的管理费用额。期末结转后，该账户无余额。

该账户可按费用项目设置明细账户，进行明细分类核算。"管理费用"账户结构如表5-32所示。

表 5-32

借方	管理费用	贷方
企业发生的各项管理费用	期末转入"本年利润"账户的管理费用	

2. "销售费用"账户

"销售费用"账户属于损益类账户，用以核算企业发生的各项销售费用。

该账户借方登记发生的各项销售费用，贷方登记期末转入"本年利润"账户的销售费用额。期末结转后，该账户无余额。

表 5-33

借方	销售费用	贷方
企业发生的各项销售费用	期末转入"本年利润"账户的销售费用	

3. "财务费用"账户

"财务费用"账户属于损益类账户，用以核算企业为筹集生产经营所需资金等而发生的筹资费用，包括利息支出（减利息收入）、汇兑损益以及相关的手续费、企业发生的现金折扣或收到的现金折扣等。为购建或生产满足资本化条件的资产发生的应予资本化的借款费用，通过"在建工程"、"制造费用"等账户核算。

该账户借方登记手续费、利息费用等的增加额，贷方登记应冲减财务费用的利息收入等。期末结转后,该账户无余额。

该账户可按费用项目进行明细核算。"财务费用"账户结构如表 5-34 所示。

表 5-34

借方	财务费用	贷方
企业发生的各项财务费用		期末转入"本年利润"账户的财务费用

三、账务处理

1. 管理费用的账务处理

企业在筹建期间内发生的开办费,包括人员工资、办公费、培训费、差旅费、印刷费、注册登记费以及不计入固定资产成本的借款费用等在实际发生时,借记"管理费用"科目,贷记"应付利息"、"银行存款"等科目。

行政管理部门人员的职工薪酬,借记"管理费用"科目,贷记"应付职工薪酬"科目。

行政管理部门计提的固定资产折旧,借记"管理费用"科目,贷记"累计折旧"科目。

行政管理部门发生的办公费、水电费、业务招待费、聘请中介机构费、咨询费、诉讼费、技术转让费、企业研究费用,借记"管理费用"科目,贷记"银行存款"、"研发支出"等科目。

【例 5-26】 大元公司以存款支付培训费 4 000 元。会计分录如①所示:

① 借:管理费用——培训费   4 000
    贷:银行存款   4 000

【例 5-27】 以现金预借职工李明差旅费 3 000 元。会计分录如②所示:

② 借:其他应收款——李明   3 000
    贷:库存现金   3 000

【例 5-28】 职工李明出差回来,报销差旅费 2 580 元,交回现金 420 元,会计分录如③所示:

③ 借:管理费用——差旅费   2 580
    库存现金   420
    贷:其他应收款——李明   3 000

"其他应收款"属于资产类账户,用于核算企业除应收账款、应收票据、预付账款等经营活动以外的其他各种应收、暂付的款项。借方登记企业发生的其他各种应收、暂付款项;贷方登记收回或转销各种款项;期末借方余额反映企业尚未收回的其他应收款。该账户应当按照其他应收款的项目和对方单位(或个人)设置明细账户,进行明细核算。"其他应收款"账户结构如表 5-35 所示。

表 5-35

借方	其他应收款	贷方
发生的其他各种应收、暂付款项		收回或转销各种款项
尚未收回的其他应收款		

2. 销售费用的账务处理

企业在销售商品过程中发生的包装费、保险费、展览费和广告费、运输费、装卸费等费用,借记"销售费用"科目,贷记"库存现金"、"银行存款"等科目。

企业发生的为销售本企业商品而专设的销售机构的职工薪酬、业务费等费用,借记"销售费用"科目,贷记"应付职工薪酬"、"银行存款"、"累计折旧"等科目。

【例 5-29】 大元公司以存款支付广告费 84 000 元。会计分录如④所示:

④ 借:销售费用——广告费　　　　　　　　　　　　　　84 000
　　贷:银行存款　　　　　　　　　　　　　　　　　　　84 000

3. 财务费用的账务处理

企业发生的财务费用,借记"财务费用"科目,贷记"银行存款"、"应付利息"等科目。发生的应冲减财务费用的利息收入、汇兑损益、现金折扣,借记"银行存款"、"应付账款"等科目,贷记"财务费用"科目。

【例 5-30】 预提应由本月负担的但尚未支付的短期借款利息 600 元。会计分录如⑤所示:

⑤ 借:财务费用　　　　　　　　　　　　　　　　　　　600
　　贷:应付利息　　　　　　　　　　　　　　　　　　　600

【例 5-31】 以存款支付票据承兑手续费 200 元。会计分录如⑥所示:

⑥ 借:财务费用　　　　　　　　　　　　　　　　　　　200
　　贷:银行存款　　　　　　　　　　　　　　　　　　　200

现将[例 5-29]至[例 5-31]期间费用核算绘成核算图,如图 5-8 所示。

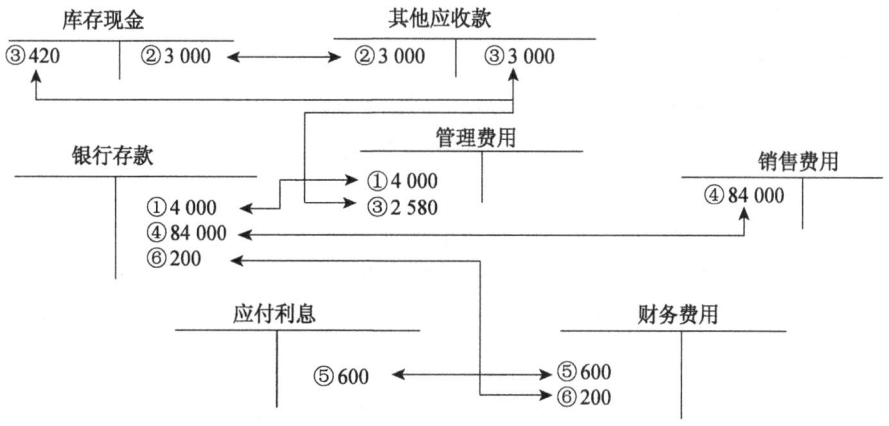

图 5-8　期间费用业务核算示意图

第八节 利润形成与分配业务的账务处理

一、利润形成的账务处理

（一）利润的形成

利润是指企业在一定会计期间的经营成果,包括收入减去费用后的净额、直接计入当期损益的利得和损失等。利润由营业利润、利润总额和净利润三个层次构成。

1. 营业利润

营业利润这一指标能够比较恰当地反映企业管理者的经营业绩,其计算公式如下:

营业利润＝营业收入－营业成本－营业税金及附加－销售费用－管理费用－财务费用－资产减值损失＋公允价值变动收益(－公允价值变动损失)＋投资收益(－投资损失)

其中,营业收入＝主营业务收入＋其他业务收入

营业成本＝主营业务成本＋其他业务成本

2. 利润总额

利润总额,又称税前利润,是营业利润加上营业外收入减去营业外支出后的金额,其计算公式如下:

利润总额＝营业利润＋营业外收入－营业外支出

3. 净利润

净利润,又称税后利润,是利润总额扣除所得税费用后的净额,其计算公式如下:

净利润＝利润总额－所得税费用

（二）账户设置

企业通常设置以下账户对利润形成业务进行会计核算:

1. "本年利润"账户

"本年利润"账户属于所有者权益类账户,用以核算企业当期实现的净利润(或发生的净亏损)。企业期(月)末结转利润时,应将各损益类账户的金额转入本账户,结平各损益类账户。

该账户贷方登记企业期(月)末转入的主营业务收入、其他业务收入、营业外收入和投资收益等;借方登记企业期(月)末转入的主营业务成本、营业税金及附加、其他业务成本、管理费用、财务费用、销售费用、营业外支出、投资损失和所得税费用等。上述结转完成后,余额如在贷方,即为当期实现的净利润;余额如在借方,即为当期发生的净亏损。年度终了,应将本年收入和支出相抵后结出的本年实现的净利润(或发生的净亏损),转入"利润分配——未分配利润"账户贷方(或借方),结转后本账户无余额。"本年利润"账户结构如表 5-36 所示。

表 5-36

借方	本年利润	贷方
各成本费用或支出类账户期末转入数		各收益类账户期末转入数
当年发生的净亏损 将本年实现的净利润转入"利润分配"账户		当年实现的净利润 将本年发生的净亏损转入"利润分配"账户

2. "投资收益"账户

"投资收益"账户属于损益类账户,用以核算企业确认的投资收益或投资损失。

该账户贷方登记实现的投资收益和期末转入"本年利润"账户的投资净损失;借方登记发生的投资损失和期末转入"本年利润"账户的投资净收益。期末结转后,该账户无余额。

该账户可按投资项目设置明细账户,进行明细分类核算。"投资收益"账户结构如表 5-37 所示。

表 5-37

借方	投资收益	贷方
发生的投资损失和期末转入"本年利润"账户的投资净收益		实现的投资收益和期末转入"本年利润"账户的投资净损失

3. "营业外收入"账户

"营业外收入"账户属于损益类账户,用以核算企业发生的各项营业外收入,主要包括非流动资产处置利得、非货币性资产交换利得、债务重组利得、政府补助、盘盈利得、捐赠利得等。

该账户贷方登记营业外收入的实现,即营业外收入的增加额;借方登记会计期末转入"本年利润"账户的营业外收入额。期末结转后,该账户无余额。

该账户可按营业外收入项目设置明细账户,进行明细分类核算。"营业外收入"账户结构如表 5-38 所示。

表 5-38

借方	营业外收入	贷方
期末转入"本年利润"账户的营业外收入		发生的营业外收入

4. "营业外支出"账户

"营业外支出"账户属于损益类账户,用以核算企业发生的各项营业外支出,包括非流动资产处置损失、非货币性资产交换损失、债务重组损失、公益性捐赠支出、非常损失、盘亏损失等。

该账户借方登记营业外支出的发生,即营业外支出的增加额;贷方登记期末转入

"本年利润"账户的营业外支出额。期末结转后,该账户无余额。

该账户可按支出项目设置明细账户,进行明细分类核算。"营业外支出"账户结构如表5-39所示。

表5-39

借方	营业外支出	贷方
发生的营业外支出		期末转入"本年利润"账户的营业外支出

5. "所得税费用"账户

"所得税费用"账户属于损益类账户,用以核算企业确认的应从当期利润总额中扣除的所得税费用。

该账户借方登记企业应计入当期损益的所得税;贷方登记企业期末转入"本年利润"账户的所得税。期末结转后,该账户无余额。"所得税费用"账户结构如表5-40所示。

表5-40

借方	所得税费用	贷方
企业应计入当期损益的所得税		期末转入"本年利润"账户的所得税

(三)账务处理

会计期末(月末或年末)结转各项收入时,借记"主营业务收入"、"其他业务收入"、"营业外收入"等科目,贷记"本年利润"科目;结转各项支出时,借记"本年利润"科目,贷记"主营业务成本"、"营业税金及附加"、"其他业务成本"、"管理费用"、"财务费用"、"销售费用"、"资产减值损失"、"营业外支出"、"所得税费用"等科目。

【例5-32】 大元公司收到被投资单位分来的现金股利80 000元。会计分录如①所示。

① 借:银行存款   80 000
    贷:投资收益   80 000

【例5-33】 大元公司以银行存款20 000元捐赠给某社会公益性福利部门。会计分录如②所示。

② 借:营业外支出   20 000
    贷:银行存款   20 000

【例5-34】 大元公司收到政府补助收入120 000元,存入银行。会计分录如③所示。

③ 借：银行存款　　　　　　　　　　　　　　　　　　　　　　120 000
　　　贷：营业外收入　　　　　　　　　　　　　　　　　　　　120 000

【例 5-35】 大元公司 12 月 31 日，各损益类账户余额如下：

主营业务收入	900 000(贷)	其他业务收入	100 000(贷)
投资收益	50 000(贷)	营业外收入	20 000(贷)
主营业务成本	540 000(借)	营业税金及附加	10 000(借)
其他业务成本	60 000(借)	销售费用	90 000(借)
管理费用	180 000(借)	财务费用	70 000(借)
营业外支出	20 000(借)		

采用"账结法"结转各损益类账户（转入本年利润），会计分录如④所示。

(1) 结转各收益：

④-1　借：主营业务收入　　　　　　　　　　　　　　　　　　900 000
　　　　　其他业务收入　　　　　　　　　　　　　　　　　　100 000
　　　　　投资收益　　　　　　　　　　　　　　　　　　　　 50 000
　　　　　营业外收入　　　　　　　　　　　　　　　　　　　 20 000
　　　　贷：本年利润　　　　　　　　　　　　　　　　　　　1 070 000

(2) 结转各项成本、费用或支出：

④-2　借：本年利润　　　　　　　　　　　　　　　　　　　　970 000
　　　　贷：主营业务成本　　　　　　　　　　　　　　　　　540 000
　　　　　　其他业务成本　　　　　　　　　　　　　　　　　 60 000
　　　　　　管理费用　　　　　　　　　　　　　　　　　　　180 000
　　　　　　营业外支出　　　　　　　　　　　　　　　　　　 20 000
　　　　　　营业税金及附加　　　　　　　　　　　　　　　　 10 000
　　　　　　销售费用　　　　　　　　　　　　　　　　　　　 90 000
　　　　　　财务费用　　　　　　　　　　　　　　　　　　　 70 000

【例 5-36】 按规定结转应交所得税费用 25 000 元。会计分录如⑤所示。

⑤ 借：所得税费用　　　　　　　　　　　　　　　　　　　　 25 000
　　　贷：应交税费——应交所得税　　　　　　　　　　　　　 25 000

【例 5-37】 把本年所得税费用 25 000 元转入"本年利润"。会计分录如⑥所示。

⑥ 借：本年利润　　　　　　　　　　　　　　　　　　　　　 25 000
　　　贷：所得税费用　　　　　　　　　　　　　　　　　　　 25 000

期末将损益类账户的余额转入"本年利润"账户后，即可计算出本年实现的净利润（或净亏损）。

现将[例 5-32]至[例 5-37]利润形成业务绘成核算图，如图 5-9 所示。

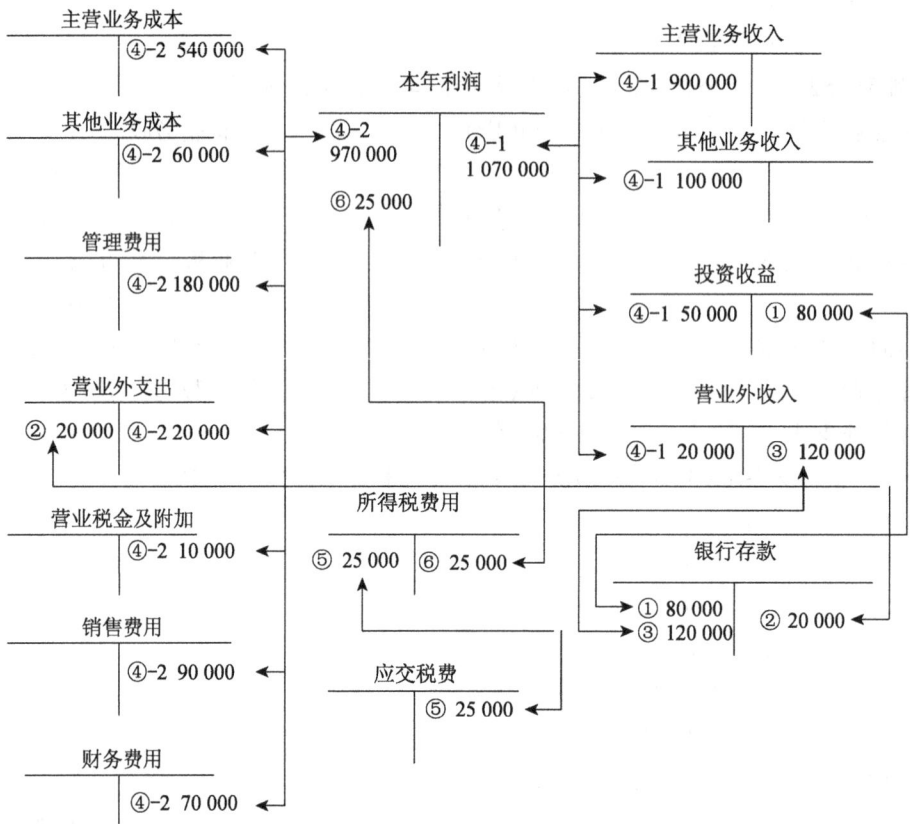

图 5-9 利润形成业务核算示意图

二、利润分配的账务处理

利润分配是指企业根据国家有关规定和企业章程、投资者协议等，对企业当年可供分配利润指定其特定用途和分配给投资者的行为。利润分配的过程和结果不仅关系到每个股东的合法权益是否得到保障，而且还关系到企业的未来发展。

（一）利润分配的顺序

企业向投资者分配利润，应按一定的顺序进行。按照我国《公司法》的有关规定，利润分配应按下列顺序进行。

1. 计算可供分配的利润

企业在利润分配前，应根据本年净利润（或亏损）与年初未分配利润（或亏损）、其他转入的金额（如盈余公积弥补的亏损）等项目，计算可供分配的利润，即：

可供分配的利润＝净利润（或亏损）＋年初未分配利润－弥补以前年度的亏损＋其他转入的金额

如果可供分配的利润为负数（即累计亏损），则不能进行后续分配；如果可供分配利润为正数（即累计盈利），则可进行后续分配。

2. 提取法定盈余公积

按照《公司法》的有关规定，公司应当按照当年净利润（抵减年初累计亏损后）的10%提取法定盈余公积，提取的法定盈余公积累计额超过注册资本50%以上的，可以不再提取。

3. 提取任意盈余公积

公司提取法定盈余公积后，经股东会或者股东大会决议，还可以从净利润中提取任意盈余公积。

4. 向投资者分配利润（或股利）

企业可供分配的利润扣除提取的盈余公积后，形成可供投资者分配的利润，即：

$$可供投资者分配的利润＝可供分配的利润－提取的盈余公积$$

企业可采用现金股利、股票股利和财产股利等形式向投资者分配利润（或股利）。

（二）账户设置

企业通常设置以下账户对利润分配业务进行会计核算。

1."利润分配"账户

"利润分配"账户属于所有者权益类账户，用以核算企业利润的分配（或亏损的弥补）和历年分配（或弥补）后的余额。

该账户借方登记实际分配的利润额，包括提取的盈余公积和分配给投资者的利润，以及年末从"本年利润"账户转入的全年发生的净亏损；贷方登记用盈余公积弥补的亏损额等其他转入数，以及年末从"本年利润"账户转入的全年实现的净利润。年末，应将"利润分配"账户下的其他明细账户的余额转入"未分配利润"明细账户，结转后，除"未分配利润"明细账户可能有余额外，其他各个明细账户均无余额。"未分配利润"明细账户的贷方余额为历年累积的未分配利润（即可供以后年度分配的利润），借方余额为历年累积的未弥补亏损（即留待以后年度弥补的亏损）。

该账户应当分别按"提取法定盈余公积"、"提取任意盈余公积"、"应付现金股利或利润"、"转作股本的股利"、"盈余公积补亏"和"未分配利润"等进行明细核算。"利润分配"账户结构如表 5-41 所示。

表 5-41

借方	利润分配	贷方
从"本年利润"账户转入的净亏损数额 提取盈余公积、应付股利等利润分配的数额		从"本年利润"账户转入的净利润数额 弥补亏损数额
历年积存未弥补亏损		历年积存未分配利润

2."盈余公积"账户

"盈余公积"账户属于所有者权益类账户，用以核算企业从净利润中提取的盈余公积。

该账户贷方登记提取的盈余公积，即盈余公积的增加额，借方登记实际使用的盈余公积,即盈余公积的减少额。期末余额在贷方,反映企业结余的盈余公积。该账户应当分别"法定盈余公积"、"任意盈余公积"进行明细核算。"盈余公积"账户结构如表 5-42 所示。

表 5-42

借方	盈余公积	贷方
用于弥补亏损或转增资本	按照规定提取盈余公积的数额	
	提取盈余公积的余额	

3. "应付股利"账户

"应付股利"账户属于负债类账户,用以核算企业分配的现金股利或利润。

该账户贷方登记应付给投资者股利或利润的增加额;借方登记实际支付给投资者的股利或利润,即应付股利的减少额。期末余额在贷方,反映企业应付未付的现金股利或利润。

该账户可按投资者进行明细核算。"应付股利"账户结构如表 5-43 所示。

表 5-43

借方	应付股利	贷方
实际支付的现金股利或利润	应支付的现金股利或利润	
	尚未支付的现金股利或利润	

(三)账务处理

1. 净利润转入利润分配

会计期末,企业应将当年实现的净利润转入"利润分配——未分配利润"科目,即借记"本年利润"科目,贷记"利润分配——未分配利润"科目,如为净亏损,则做相反会计分录。

结转前,如果"利润分配——未分配利润"明细科目的余额在借方,上述结转当年所实现净利润的分录同时反映了当年实现的净利润自动弥补以前年度亏损的情况。因此,在用当年实现的净利润弥补以前年度亏损时,不需另行编制会计分录。

2. 提取盈余公积

企业提取的法定盈余公积,借记"利润分配——提取法定盈余公积"科目,贷记"盈余公积——法定盈余公积"科目;提取的任意盈余公积,借记"利润分配——提取任意盈余公积"科目,贷记"盈余公积——任意盈余公积"科目。

3. 向投资者分配利润或股利

企业根据股东大会或类似机构审议批准的利润分配方案,按应支付的现金股利或利润,借记"利润分配——应付现金股利"科目,贷记"应付股利"等科目;以股票股利转作股本的金额,借记"利润分配——转作股本股利"科目,贷记"股本"等科目。

董事会或类似机构通过的利润分配方案中拟分配的现金股利或利润,不做账务处理,但应在附注中披露。

4. 盈余公积补亏

企业发生的亏损,除用当年实现的净利润弥补外,还可使用累积的盈余公积弥补。以盈余公积弥补亏损时,借记"盈余公积"科目,贷记"利润分配——盈余公积补亏"科目。

5. 企业未分配利润的形成

年度终了,企业应将"利润分配"科目所属其他明细科目的余额转入该科目"未分配利润"明细科目,即借记"利润分配——未分配利润"、"利润分配——盈余公积补亏"等科目,贷记"利润分配——提取法定盈余公积"、"利润分配——提取任意盈余公积"、"利润分配——应付现金股利"、"利润分配——转作股本股利"等科目。

结转后,"利润分配"科目中除"未分配利润"明细科目外,所属其他明细科目无余额。"未分配利润"明细科目的贷方余额表示累积未分配的利润,该科目如果出现借方余额,则表示累积未弥补的亏损。

【例 5-38】 年末将本年净利润 200 000 元转入利润分配。会计分录如①所示。

将"本年利润"余额转入"利润分配"账户贷方,此时"本年利润"账户应无余额。

① 借:本年利润　　　　　　　　　　　　　　　　　　200 000
　　贷:利润分配——未分配利润　　　　　　　　　　　　　　200 000

【例 5-39】 按税后净利润 200 000 元的 10% 提取法定盈余公积。会计分录如②所示。

这笔经济业务的发生,一方面表明利润分配数增加,应记入"利润分配"账户的借方;另一方面表明提取的盈余公积增加,应记入"盈余公积"账户的贷方。

② 借:利润分配——提取法定盈余公积　　　　　　　　　20 000
　　贷:盈余公积——法定盈余公积　　　　　　　　　　　　　20 000

【例 5-40】 计算出支付应给投资者的利润为 4 000 元。会计分录如③所示。

这笔经济业务表明,企业在提取盈余公积金后,可在剩余净利润中分一部分给投资者作为投资回报。因此,一方面是应付给投资者的利润增加,应记入"应付股利"账户的贷方;另一方面则表明分给投资者的利润是从利润中支付的,属于利润分配的项目,应记入"利润分配"账户的借方。

③ 借:利润分配——应付现金股利　　　　　　　　　　　4 000
　　贷:应付股利　　　　　　　　　　　　　　　　　　　　　4 000

【例 5-41】 结转已分配利润,将"利润分配"有关明细账户的余额,转入"利润分配——未分配利润"账户,会计分录如④所示。

④ 借:利润分配——未分配利润　　　　　　　　　　　　24 000
　　贷:利润分配——提取法定盈余公积　　　　　　　　　　　20 000
　　　　利润分配——应付现金股利　　　　　　　　　　　　　4 000

现将[例 5-36]至[例 5-41]中利润分配业务绘成核算图,如图 5-10 所示。

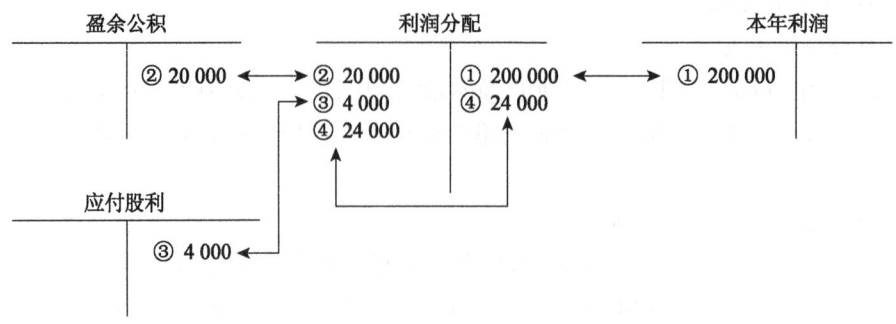

图 5-10 利润分配业务核算示意图

第九节 投资和资金退出的账务处理

除了前面第二节到第八节所述企业主要经济业务核算以外,在资金使用过程中,还有一些对外投资和资金退出的内容,包括利润分配、资产转换、对外投资、归还借款以及其他各项支出等。其中有些经济业务的核算已在前面有所讲述,这里就未述及的经济业务核算作简要的补充说明。

一、账户设置

核算资金调整和退出企业的账户,有些已在本章前面几节述及,这里主要讲述对外投资及固定资产清理等几个账户。

1. "交易性金融资产"账户

"交易性金融资产"账户是资产类账户,用来核算企业购入能随时变现,并且持有时间不准备超过一年(含一年)的投资。主要包括各种股票、债券、基金等投资。它的借方登记企业购入的各种股票、债券、基金等作为交易性金融资产的实际支付的价款;贷方登记出售股票、债券、基金或到期收回债权本息的实际收到的金额(如购入价与出售价有差额应借记或贷记"投资收益"账户),其期末借方余额表示企业持有的各种股票、债券、基金等交易性金融资产的成本。该账户按交易性金融资产种类设置明细分类账。"交易性金融资产"账户结构如表 5-44 所示。

表 5-44

借方	交易性金融资产	贷方
企业购入的各种股票、债券、基金等作为交易性金融资产的实际支付的价款		出售股票、债券、基金或到期收回债权本息实际收到的金额
企业持有的各种股票、债券、基金等交易性金融资产的成本		

2. "长期股权投资"账户

"长期股权投资"账户是资产类账户,用来核算企业投出的期限在一年以上(不含一年)的各种股权性质的投资,主要包括购入的股票和其他股权投资等。它的借方登记购入股票和其他股权投资的实际支付价款;贷方登记处置或收回股权投资及被投资单位亏损数,如有损益或差额应记入"投资收益"账户,其期末借方余额表示企业持有长期股权投资的价值。该账户按被投资单位设置明细分类账。"长期股权投资"账户结构如表5-45所示。

表5-45

借方	长期股权投资	贷方
购入股票和其他股权投资的实际支付价款		处置或收回股权投资及被投资单位亏损数
企业持有长期股权投资的价值		

(三)"持有至到期投资"账户

"持有至到期投资"账户是资产类账户,主要核算企业持有至到期投资的摊余成本。它的借方登记取得持有至到期投资的实际成本;贷方登记出售债券或其他投资到期,收回本息的实际收到金额,其借方余额表示企业持有至到期投资的摊余成本。该账户按持有至到期投资的类别和品种,分别"成本"、"利息调整"、"应计利息"等进行明细核算。"持有至到期投资"账户结构如表5-46所示。

表5-46

借方	持有至到期投资	贷方
取得持有至到期投资的实际成本		出售债券或其他投资到期,收回本息实际收到金额
企业持有至到期投资的摊余成本		

(四)"固定资产清理"账户

"固定资产清理"账户是资产类账户,用来核算企业因出售、报废和毁损等原因转入清理的固定资产价值及其在清理过程中发生的清理费用和清理收入等。它的借方登记固定资产净值及其在清理过程中所发生的清理费用;贷方登记收回出售固定资产的价款、残料价值和变价收入等。其借方余额表示固定资产清理后的净损失,属于生产经营期间正常处理损失应转入"营业外支出"账户;贷方余额表示固定资产清理后的净收益,属于生产经营期间的应转入"营业外收入"账户。结转后应无余额。该账户应按被清理的固定资产设置明细分类账。"固定资产清理"账户结构如表5-47所示。

表5-47

借方	固定资产清理	贷方
固定资产净值及其在清理过程中所发生的清理费用		收回出售固定资产的价款、残料价值和变价收入等

二、主要经济业务的核算

（一）归还借款

【例 5-42】 用银行存款归还银行临时借款 50 000 元。

这笔经济业务表明用银行存款归还银行临时借款，临时借款属于短期借款，应同时减少银行存款和短期借款，分别记入"短期借款"账户的借方和"银行存款"账户的贷方。其会计分录如①所示：

① 借：短期借款——临时借款　　　　　　　　　　　　　　　　　　　50 000
　　　贷：银行存款　　　　　　　　　　　　　　　　　　　　　　　　50 000

（二）固定资产出售

【例 5-43】 经上级批准，出售机器一台，计价 30 000 元，原值 40 000 元，已提折旧 9 000 元，价款已收到。

这笔经济业务表明固定资产出售，一方面要减少其原始价值，记入"固定资产"账户的贷方；另一方面要通过"固定资产清理"账户同时转销累计折旧，分别记入"固定资产清理"和"累计折旧"账户的借方。在收到货款时，借记"银行存款"账户，贷记"固定资产清理"账户。然后结转固定资产清理净损失。其会计分录如②所示：

②-1　借：固定资产清理　　　　　　　　　　　　　　　　　　　　　31 000
　　　　　累计折旧　　　　　　　　　　　　　　　　　　　　　　　　9 000
　　　　贷：固定资产　　　　　　　　　　　　　　　　　　　　　　　40 000
②-2　借：银行存款　　　　　　　　　　　　　　　　　　　　　　　　30 000
　　　　贷：固定资产清理　　　　　　　　　　　　　　　　　　　　　30 000
②-3　借：营业外支出　　　　　　　　　　　　　　　　　　　　　　　1 000
　　　　贷：固定资产清理　　　　　　　　　　　　　　　　　　　　　1 000

【例 5-44】 以固定资产向其他单位换入长期股权投资。原值 60 000 元，已提折旧 20 000 元。

这笔经济业务表明用固定资产向其他单位进行长期投资。一方面要将固定资产转入清理，按固定资产净值记入"固定资产清理"账户的借方，同时要转销固定资产折旧，记入"累计折旧"账户的借方，还要减少固定资产原值，记入"固定资产"的贷方；另一方面要按"固定资产清理"账户的余额，分别记入"长期股权投资"账户的借方和"固定资产清理"账户的贷方。其会计分录如③所示：

③-1　借：固定资产清理　　　　　　　　　　　　　　　　　　　　　40 000
　　　　　累计折旧　　　　　　　　　　　　　　　　　　　　　　　　20 000
　　　　贷：固定资产　　　　　　　　　　　　　　　　　　　　　　　60 000
③-2　借：长期股权投资　　　　　　　　　　　　　　　　　　　　　　40 000
　　　　贷：固定资产清理　　　　　　　　　　　　　　　　　　　　　40 000

【例 5-45】 企业购入面值 1 000 元的一年期债券 10 张，年利率为 5%。以银行存款支付 10 000 元。

这笔经济业务表明购入一年期的债券,属于交易性金融资产,一方面要记入"交易性金融资产"账户的借方;另一方面支付价款要记入"银行存款"账户的贷方。其会计分录如④所示:

④ 借:交易性金融资产   10 000
  贷:银行存款   10 000

如果一年到期收回本利10 500元(其中本金10 000元,利息500元),债券利息属于投资收益,应在"投资收益"账户核算,此处不加详述。

（三）福利费支出

【例5-46】 以现金购入医药用品600元,支付职工困难补助费400元。

福利费支出应在"应付职工薪酬"账户核算。

这笔经济业务表明一方面现金减少,记入"库存现金"账户的贷方;另一方面福利费支出,应记入"应付职工薪酬"账户的借方。其会计分录如⑤所示:

⑤ 借:应付职工薪酬——职工福利   1 000
  贷:库存现金   1 000

（四）上交税金

【例5-47】 应交税费账户反映应上交的消费税9 210元,以银行存款付讫。应分别借记"应交税费",贷记"银行存款"账户。其会计分录如⑥所示:

⑥ 借:应交税费——应交消费税   9 210
  贷:银行存款   9 210

现将[例5-42]至[例5-46]的投资和资金的退出业务绘成核算图,如图5-11所示。

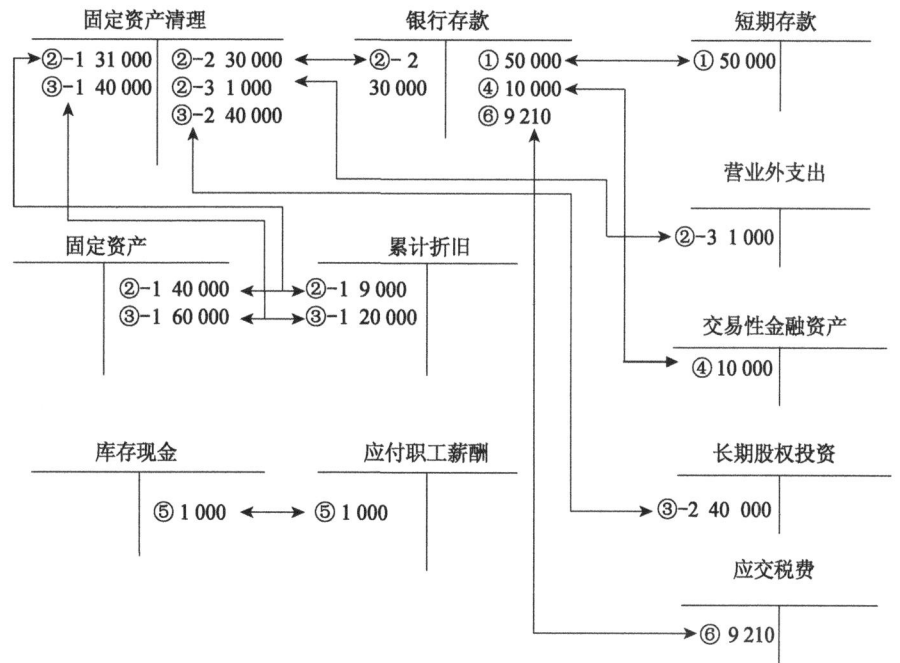

图5-11 投资和资金退出业务核算示意图

 复习思考题

1. 简述工业企业生产经营过程主要经济业务核算内容。
2. 核算产品生产和销售业务设置哪些账户,如何运用?
3. 什么是财务成果?它是怎么形成的?
4. 什么是利润分配?其一般分配程序是怎样的?

第六章 成本计算

成本计算是会计核算的专门方法之一。本章以工业企业材料采购成本、生产成本和销售成本的计算为例,阐述成本计算的意义和一般程序,各种费用的归集和分配,各项成本的计算方法等。

第一节 成本计算的意义和要求

一、成本计算的意义

成本是指企业为生产产品、提供劳务而发生的各种耗费。成本计算是会计核算的一种专门方法,它是对经济活动过程中发生的费用,按照一定的对象进行归集和分配,计算出各对象的总成本和单位成本。

通过成本计算,对于了解和控制生产经营过程各阶段费用支出,加强成本管理,促进成本的降低、节约资金使用、提高经济效益等都有重要意义。

二、成本计算的基本要求

为了充分发挥成本核算的作用,正确核算产品成本,在成本核算工作中,应遵循以下各项要求。

(一)算管结合,算为管用

所谓的算管结合,算为管用,就是成本核算应当与加强企业管理相结合,所提供的成本信息应当满足企业经营管理和决策的需要。为此,成本核算不仅要提供事后的成本信息,而且必须以国家法律、行政法规,国家统一的会计制度、企业成本计划和相应的消耗定额为依据,以保持成本指标的真实性和计算成本口径的一致性。

(二)正确划分各种费用的界限

1. 支出与费用的界限

支出与费用的概念是不同的。支出的范围广泛,企业日常发生的支出,有些与产品的生产和销售有关,有些与产品的生产和销售无关,有些是属于资本性的支出或其他支出。不同的费用支出,其补偿的资金来源也是不同的。在进行成本计算时,凡是与产品生产有关,应从当期产品销售收入中得到补偿的生产费用,才能计入产品成本;凡是与产品生产无关,而又不应从产品销售收入得到补偿的其他各种支出,如购建固定资产、无形资产和其他资产支出以及诸如罚款等营业外支出,均不能计入产品成本。

2. 费用与成本的界限

费用与成本的概念也是不同的。已经发生与产品生产有关的费用,并不一定等于已经形成产品成本。虽然费用与成本的经济内容是一致的,但计算的基础却不相同。费用是按照一定会计期间汇集的资金耗费,而成本则是以产品对象进行归集的。费用要按对象归集后才能形成成本,也可以说是对象化了的费用。一般地说,费用和成本不一定相等。只有一定会计期内发生的费用都已归属于该期的产品,该期的费用和成本才会相等。

3. 按权责发生制原则,划清费用的受益期限

成本计算期内发生的生产费用,不一定是本期应负担的费用,因而不一定全部计入本期产品成本,而本期的产品成本应负担的费用,也不一定都是本期实际支出的费用,如待摊费用和预提费用等。为正确划分费用的归属期,使成本负担合理,凡由本期成本负担的费用,不论是否支付,都应全部计入本期成本;凡不应由本期成本负担的费用,即使已经支付,也不能计入本期成本。

三、成本的计算程序

在企业核算过程中,成本计算和费用核算是同时进行的。各种费用发生后,先按各种成本对象在有关账户中进行归集,分配和登记,然后计算出各对象的总成本和单位成本。

1. 确定成本计算对象

企业进行成本计算,必须首先确定成本计算对象,即费用的归集对象。劳动耗费的受益物,应当为成本的归属对象。例如,在供应过程中,为采购材料而发生的费用,应以各种材料为成本计算对象进行归集,然后计算各种材料的成本;在生产过程中,为制造各种产品而发生的费用,应以各种产品为成本计算对象进行归集和计算各种产品的生产成本。

2. 确定成本计算期

所谓成本计算期,是指每间隔多长时间计算一次成本。确定成本计算期,必须考虑生产技术和组织的特点,成本计算期可与生产周期一致,也可与会计期间一致。如是单件、小批量生产,那就按产品的生产周期确定成本计算期;如是反复不断地大量生产同一种产品或几种产品,可按月计算成本。

3. 确定成本项目

成本项目要按照有关制度规定结合企业具体情况加以确定。材料成本项目一般分为材料买价、采购费用;产品制造成本项目一般分为直接人工、直接材料、制造费用。

4. 健全成本计算的原始记录,保证成本计算的正确性

健全的成本计算资料是保证成本计算正确的基础。各个企业要设置费用、成本明

细分类账以及材料耗用、工时消耗、费用分配、产品入库等健全的原始记录,据以正确计算成本,编制成本计算表。

第二节 成本的构成和计算

一、材料物资采购成本的构成和计算

(一)材料物资采购成本的构成

构成材料物资采购成本的项目主要有:
(1)买价(供货单位的发票价格)。
(2)运杂费(包括运输费、包装费、保险费、仓储费等)。
(3)运输途中的合理损耗。
(4)入库前的挑选整理费用。
(5)购入物资负担的税金和其他费用。

(二)材料物资采购成本的计算

材料物资采购成本的计算就是将供应过程中所发生的材料的买价和有关采购费用,按一定种类的材料进行归集和分配,确定该种材料的实际成本。

在计算材料采购成本中,对于可以直接归属有关对象的直接费用,根据有关凭证直接计入各种材料的成本,不能直接计入各种材料的间接费用,应按一定标准在有关材料之间进行分配,再分别计入各种材料的成本。分配的标准应该与被分配的费用联系密切,有一定的依存关系。例如,可按材料的重量或买价分配,现举例如下:

假设某企业购进甲、乙、丙三种材料的各项支出如表6-1所示。

表6-1

材料名称	重量(千克)	单价(元)	买价(元)	运杂费(元)
甲	5 000	5	25 000	
乙	3 000	6	18 000	2 000
丙	2 000	4	8 000	
合计	10 000		51 000	2 000

具体计算分配如下:
(1)按重量分摊共同运杂费:
每千克材料应负担的运杂费为:2 000÷5 000+3 000+2 000=0.2元
甲种材料应分摊的运杂费:0.2×5 000=1 000元
乙种材料应分摊的运杂费:0.2×3 000=600元
丙种材料应分摊的运杂费:0.2×2 000=400元
(2)登记甲、乙、丙材料的采购明细账。如表6-2、6-3、6-4。

表 6-2　　　　　　　　　　　　"材料采购"明细分类账

物资名称或类别:甲种材料

年		凭证号码	摘要	借方金额			贷方金额	结余金额
月	日			买价	采购费用	合计		
			购入 5 000 千克	25 000		25 000		25 000
			分摊运杂费		1 000	1 000		26 000
			结转实际采购成本				26 000	
			发生额和余额	25 000	1 000	26 000	26 000	

表 6-3　　　　　　　　　　　　"材料采购"明细分类账

物资名称或类别:乙种材料

年		凭证号码	摘要	借方金额			贷方金额	结余金额
月	日			买价	采购费用	合计		
			购入 3 000 千克	18 000		18 000		18 000
			分摊运杂费		600	600		18 600
			结转实际采购成本				18 600	
			发生额和余额	18 000	600	18 600	18 600	

表 6-4　　　　　　　　　　　　"材料采购"明细分类账

物资名称或类别:丙种材料

年		凭证号码	摘要	借方金额			贷方金额	结余金额
月	日			买价	采购费用	合计		
			购入 2 000 千克	8 000		8 000		8 000
			分摊运杂费		400	400		8 400
			结转实际采购成本				8 400	
			发生额和余额	8 000	4 000	8 400	8 400	

(3) 编制材料采购成本计算表如表 6-5。

表 6-5　　　　　　　　　　　　材料采购成本计算表

编制单位:××工厂　　　　　　　×年×月×日　　　　　　　　　　　单位:元

成本项目	甲种材料		乙种材料		丙种材料	
	总成本	单位成本	总成本	单位成本	总成本	单位成本
1. 买价	25 000	5	18 000	6	8 000	4
2. 采购费用	1 000	0.2	600	0.2	400	0.2
材料采购成本	26 000	5.2	18 600	6.2	8 400	4.2

大家也可以用材料的买价作为分配的标准计算各材料的采购成本。

二、产品制造成本的构成和计算

（一）产品制造成本的构成

（1）直接材料。是指构成产品主要实体的各种原料及主要材料。包括各种：原材料及主要材料、辅助材料、外购半成品、燃料、动力等。

（2）直接人工。是指直接参与产品生产的工人的工资、奖金、补贴及职工福利费。

（3）制造费用。是指企业制造部门用于管理生产、组织生产和为生产服务发生的各项费用，包括：车间生产用房屋及建筑物的折旧费、修理费、办公费，水电费等。

（二）产品成本的计算

1. 产品制造费用的归集和分配

计算产品制造成本，首先将产品制造过程中所发生的制造费用按产品的名称或类别分别进行归集和分配。现以前章第五节资料为例，产品制造过程中所发生的各项制造费用有：

（1）[例5-13]车间一般耗用材料5 000元。

（2）[例5-14]车间管理人员工资1 600元。

（3）[例5-17]车间管理人员计提职工福利费224元。

（4）[例5-18]车间使用固定资产折旧8 000元。

（5）[例5-19]车间水电费3 676元。

上例5笔制造费用合计18 500元为A、B两种产品共同负担的间接费用，需要按一定标准在A、B产品之间进行分配，然后分别计入各种产品的生产成本。分配的标准一般有：按生产工人工资；按生产工人工时；按机器工时；按直接原材料成本；按直接总成本等。企业在用某一种分配的标准时，要慎重考虑各种间接费用的发生与该种分配的标准是否有直接关系，是否接近实际。以保证产品制造成本的计算相对正确。一般选择按生产工人工资比例分配的标准较多，主要是简便易行。但对生产工人工资水平差别较大而又经常变动的企业则不尽合理。总之，要根据企业实际情况选用。假设按生产工人工资为分配标准，其具体分配计算方法如下：

按A、B产品的生产工人工资分摊共同负担的制造费用。

每元工资应负担的制造费用为：18 500÷1 400+6 000=0.925(元)

A产品应分摊的制造费用：14 000×0.925=12 950(元)

B产品应分摊的制造费用：6 000×0.925=5 550(元)

2. 产品制造成本的计算

在不同的企业里，因生产组织和工艺过程各有特点，可采用不同的产品成本计算方法。这些专门的产品成本计算方法，将在有关专业会计中论述。

企业×月生产A、B两种产品所发生的各项生产费用按其用途整理计算如表6-6所示。

表 6-6　　　　　　　　　　　　　　A、B 产品生产费用表

产品名称	完工产品数量	直接材料	直接人工	制造费用	合计
A 产品	100 台	30 400	159 600	12 950	59 310
B 产品		19 200	6 840	5 550	31 590
合　计		49 600	22 800	18 500	90 900

从以上列资料看出,直接材料 49 600 元和直接人工(生产工人工资及福利费) 22 800 元是直接成本项目费用,可直接计入各种产品的生产成本。制造费用 18 500 元则按照生产工人工资在 A、B 两种产品之间分配后分别计入 A、B 产品的生产成本。

由此计算出的 A 产品的总成本为 59 310 元,B 产品未完工的在产品成本为 31 950 元。

(1) 登记 A、B 产品"生产成本"明细账,如表 6-7、表 6-8 所示。

表 6-7　　　　　　　　　　　　　　"生产成本"明细分类账

产品品种或类别:A 产品

年		凭证号码	摘要	借方(成本项目)				贷方	借或贷	余额
月	日			直接成本	直接人工	制造费用	合计			
		11	生产耗用材料	30 400			30 400		借	30 400
		12	分配工资及福利费		15 960		15 960		借	46 360
		22	分配制造费用			12 950	12 950		借	59 310
		23	结转完工产品生产成本					59 310	平	
			本期发生额及余额	30 400	15 960	12 950	59 310		平	

表 6-8　　　　　　　　　　　　　　"生产成本"明细分类账

产品品种或类别:B 产品

年		凭证号码	摘要	借方(成本项目)				贷方	借或贷	余额
月	日			直接成本	直接人工	制造费用	合计			
		11	生产耗用材料	19 200			19 200		借	19 200
		12	分配工资及福利费		6 840		6 840		借	26 040
		22	分配制造费用			5 550	5 550		借	31 590
			本期发生额及余额	19 200	6 840	5 550	31 590		借	31 590

(2) 产品生产成本的计算,如表 6-9 所示。

表 6-9　　　　　　　　　　　产品生产成本计算表　　　　　　　　　　　　单位:元

成本项目	A 产品	
	总成本(100 台)	单位成本
直接材料	30 400	304

(续表)

成本项目	A 产品	
	总成本(100台)	单位成本
直接人工	15 960	159.60
制造费用	12 950	129.50
产品生产成本	59 310	593.10

三、产品销售成本的构成和计算

1. 产品销售成本的构成

在销售过程中,企业将生产出来的产品销售出去,获得产品销售收入,收回货币,一方面要扣除已销产品的生产成本;另一方面在销售过程所发生的销售费用和税金也从产品销售收入中得到补偿,但在计算产品销售成本时,应有所区别。按制度有关规定,产品销售成本是由已销产品的生产成本和销售税金直接构成,从产品的销售收入中得到补偿,而销售费用则作为期间费用,从当期的营业利润中扣除。

2. 产品销售成本的计算

产品销售成本的计算,就是按照销售产品的品种作为成本计算对象,采用一定的方法计算产品销售过程中发生的已销产品生产成本。可将已销产品的生产成本(产品的单位成本×销售数量)按产品的名称或类别进行归集,以分别计算已销各种(类)产品的销售成本,如前章所述[例5-23]资料,已销A产品的实际生产成本为53 552元,即为产品入库的成本,也就是产品销售成本。

复习思考题

1. 成本计算应包括哪些内容?
2. 成本计算的要求是什么?
3. 材料采购成本是如何计算的?
4. 如何计算产品制造成本?如何归集和分配产品生产过程中发生的费用?

第七章 会计凭证

填制和审核会计凭证是会计工作的开始,也是会计核算的专门方法之一。通过本章学习,要求了解会计凭证的概念和意义;明确会计凭证的种类和基本内容及审核的主要内容;掌握填制会计凭证的要求和方法,以及会计凭证传递、保管和装订的基本知识和技能。

第一节 会计凭证概述

一、会计凭证的概念与作用

1. 会计凭证的概念

会计凭证是指用来记录经济业务、明确经济责任、作为登记账簿依据的书面证明。单位发生的每一项经济业务,如购进商品、从银行提取现金、向员工发放工资等等,应由执行或完成该项经济业务的有关人员填制或取得会计凭证,详细说明该项业务的内容,并在会计凭证上签名或盖章,以明确经济责任。填制或取得会计凭证后,要由有关人员进行审核,经审核无误,由审核人员盖章后,才可作为记账依据。填制和审核凭证,是会计核算的专门方法之一。

2. 会计凭证的作用

会计凭证的作用主要有:①记录经济业务,提供记账依据;②明确经济责任,强化内部控制;③监督经济活动,控制经济运行。

二、会计凭证的种类

单位发生的经济业务是复杂的,涉及的会计凭证种类繁多,为了了解不同的会计凭证的用途以及填制的先后程序等,有必要对会计凭证按照一定的标准进行分类,以利于日常会计核算工作中正确使用会计凭证,充分发挥会计凭证应有的作用。

会计凭证按照填制程序和用途可分为原始凭证和记账凭证。

1. 原始凭证

原始凭证又称单据,是指在经济业务发生或完成时取得或填制的,用于记录或证明经济业务的发生或完成情况的原始凭据。

2. 记账凭证

记账凭证又称记账凭单,是指会计人员根据审核无误的原始凭证,按照经济业务的内容加以归类,并据以确定会计分录后所填制的会计凭证,作为登记账簿的直接依据。

第二节 原始凭证

一、原始凭证的种类

原始凭证又称原始单据,是指在经济业务发生或完成时取得或填制的,用于记载经济业务具体内容,表明经济业务已经发生和完成情况的书面证明。原始凭证是单位进行会计核算的原始依据,一般具有法律效力。

原始凭证可以按照不同的标准进行分类。

(一)按取得来源分类

1. 外来原始凭证

外来原始凭证是指在同外单位(或个人)发生经济业务往来时,从外单位(或个人)取得的原始凭证。如购货发票、收款收据、银行转来的收款、付款通知等。以购货发票为例,其格式如表7-1所示。

表7-1 发票

客户名称:　　　　　　　　　　年 月 日　　　　　　　发票号码:

货物名称	规格	单位	数量	单价	金 额
合　　计					
金额(大写):		佰 拾 元 角 分			

开票单位:(未盖章无效)　　　　开票人:　　　　　　收款人:

2. 自制原始凭证

自制原始凭证是指由本单位内部经办业务的部门和人员,在执行或完成某项经济业务时填制的原始凭证。如收料单、领料单、工资结算单、借款单等等。以收料单为例,其格式如表7-2所示。

表 7-2　　　　　　　　　　　　　收　料　单

发票号码：　　　　　　　　　　　　　　　　　　　　　　　入　库　单：
供货单位：　　　　　　　　　　　年　　月　　日　　　　　收料仓库：

编号	名称	规格	单位	数量		成本		
				应收	实收	单价	金额	第
								联
合　计								

采购员：　　　　　检验员：　　　　　记账员：　　　　　保管员：

（二）按照格式分类

1. 通用原始凭证

通用原始凭证是指在全国或某一地区统一印制、统一格式、统一使用的原始凭证。如增值税专用发票、银行的有关结算单据等。

2. 专用原始凭证

专用原始凭证是指一些具有特定内容和专门用途的原始凭证。如领料单、借款单、差旅费报销单等。

（三）按填制的手续和内容分类

1. 一次凭证

一次凭证是指填制手续一次完成，只记录一笔或若干笔同类性质经济业务的原始凭证。在日常经济活动中，大多数原始凭证属于一次原始凭证，如领料单、入库单、发票、借款单等。以借款单为例，其格式如表 7-3 所示。

表 7-3　　　　　　　　　　　　　借　款　单
　　　　　　　　　　　　　　　××××年 5 月 20 日

借款金额	人民币(大写)：叁仟元整　　（￥3 000.00）				
单位负责人	张生辉	借款人签章	李立国	财务主管	王有财

2. 累计凭证

累计凭证是指在一定时期内连续记录发生的若干项同类型经济业务的原始凭证。累计凭证可以多次有效使用，陆续完成填制手续，到期结出累计总额，再以此作为会计核算的原始依据，如限额领料单。限额领料单通过限定材料使用部门某一时期内（通常为 1 个月）领用材料的最高限额，不仅可以促使材料使用部门节约使用材料，避免浪费；而且会计部门期末根据领用总额合并处理，可以减少原始凭证的数量，简化会计核算工作。累计凭证这种原始凭证的特点，可以随时计算出发生额累计数，便于同计划和预算进行比较，以达到经济活动的事中控制。

3. 汇总凭证

汇总凭证又称原始凭证汇总表，是指对一定时期内反映经济业务内容相同的若干张原始凭证加以汇总,编制成一张汇总原始凭证。如发出材料汇总表、工资结算汇总表等。汇总凭证可以全面反映某类经济业务的全貌,便于会计人员汇总编制记账凭证,可以简化会计核算手续。以发出材料汇总表为例,其格式如表7-4所示。

表7-4　　　　　　　　　　　　　发出材料汇总表
年　月　日

会计科目	领用部门	原材料	燃料	其他	合计
基本生产成本	一车间				
	二车间				
	小计				
辅助生产成本	供电车间				
	供水车间				
	小计				
制造费用	一车间				
	二车间				
	小计				
合　　计					

会计主管:　　　　　　　　　　　　复核:　　　　　　　　　　　　制表:

二、原始凭证的基本内容

单位经济业务的多样性和复杂性,使取得或填制的原始凭证种类繁多,格式各异。但是,任何一张原始凭证都必须如实反映经济业务的发生和完成情况,明确经办人员的经济责任。因此,原始凭证虽多种多样,但均应具备一些相同的内容。这些相同的内容被称为原始凭证的基本内容(也称为原始凭证要素),主要包括:

(1) 原始凭证的名称。
(2) 填制原始凭证的日期。
(3) 接受原始凭证单位名称(又称"抬头")。
(4) 经济业务的内容。
(5) 经济业务所涉及的数量、单价和金额。
(6) 填制单位名称或填制人员姓名。
(7) 经办部门和人员的签名或盖章。

三、原始凭证的填制要求

(一) 原始凭证填制的基本要求

(1) 记录真实。原始凭证必须以实际发生的经济业务为依据。凭证上所记载的每一项内容,必须与经济业务发生的实际情况完全相符,不允许以任何手段弄虚作假,伪造、变造原始凭证,以使其成为单位发生经济业务的真实写照。

(2) 填制及时。原始凭证应在经济业务发生或完成时,立即填制或及时取得。及时地填制或取得原始凭证,可以最大限度地保证凭证记录的准确性,并为会计凭证下一步的传递奠定基础。否则，事后补填原始凭证，容易对原经济业务的记录产生误差，并为造假提供了可乘之机。因此，任何部门和人员对经济业务活动不得以任何借口拖延不办或迟办，以避免延误会计核算的正常进行，保证会计资料的时效性。

（3）内容完整。原始凭证的基本内容应填写齐全，不得遗漏或简略。项目填写不齐全的原始凭证不能作为经济业务发生的合法凭证，也不能成为有效的会计凭证。

（4）书写清楚、规范，即字迹端正，易于辨认。原始凭证上的文字说明和数字要填写清楚，整齐规范，易于辨认；同时必须有经办人员的签名或盖章，以明确经济责任。

（5）手续完备。

（6）连续编号。

（7）不得涂改、刮擦、挖补。

（二）自制原始凭证的填制要求

不同的自制原始凭证，填制要求也有所不同。

1. 一次凭证的填制

一次凭证应在经济业务发生或完成时，由相关业务人员一次填制完成。该凭证往往只能反映一项经济业务，或者同时反映若干项同一性质的经济业务。

2. 累计凭证的填制

累计凭证应在每次经济业务完成后，由相关人员在同一张凭证上重复填制完成。该凭证能在一定时期内不断重复地反映同类经济业务的完成情况。

3. 汇总凭证的填制

汇总凭证应由相关人员在汇总一定时期内反映同类经济业务的原始凭证后填制完成。该凭证只能将类型相同的经济业务进行汇总，不能汇总两类或两类以上的经济业务。

（三）外来原始凭证的填制要求

外来原始凭证应在企业同外单位发生经济业务时，由外单位的相关人员填制完成。外来原始凭证一般由税务局等部门统一印制，或经税务部门批准由经营单位印制，在填制时加盖出具凭证单位公章方为有效。对于一式多联的原始凭证必须用复写纸套写或打印机套打。

以收货单为例，说明原始凭证的填制方法如表7-5所示。

表7-5 收 货 单

××××年8月12日

供货单位：福州市兴达纺织品厂　　存放仓库：布匹仓库　　金额单位：元

编号	名称	规格	单位	数量		成本		
				应收	实收	单价	金额	
BB	白布	5×9	米	2 000	2 000	3.00	6 000.00	第
HB	花布	5×9	米	2 000	2 000	4.10	8 200.00	
QB	青布	5×9	米	1 000	1 000	5.20	5 200.00	
LB	蓝布	5×9	米	2 000	2 000	6.00	12 000.00	联
合　计							￥31 400.00	

销售部门负责人（签章）　　发货人（签章）　　提货人（签章）　　制票（签章）

四、原始凭证的审核

原始凭证来源广泛,格式各异。会计人员对于取得或自行填制的原始凭证必须进行严格审核,以确保原始凭证的记录真实可靠。根据我国《会计法》规定,会计机构、会计人员对不真实、不合法的原始凭证,有权不予受理,并向单位负责人报告,请求查明原因,追究有关当事人的责任;对记载不准确、不完整的原始凭证予以退回,并要求经办人员按照国家统一的会计制度的规定进行更正、补充。原始凭证审核的内容具体包括以下四个方面:

(1) 审核原始凭证的真实性。即审核原始凭证所记载的内容是否确有其事,是否已经发生,其内容是否真实、客观地反映了经济业务的本来面目,有无漏记或有意隐瞒。

(2) 审核原始凭证的合法性。即审核原始凭证所记载的内容是否符合国家法律、法规的规定,是否符合会计制度的要求,有无违法乱纪的行为。

(3) 审核原始凭证的完整性。即审核原始凭证上所记载各项内容是否全面、完整,各项手续是否齐备,凭证上各要素填写是否齐全。

(4) 审核原始凭证的正确性。即审核原始凭证上各项计算是否准确,大小写金额是否一致,若为收款或付款证明,是否加盖了"收讫"或"付讫"的戳记等。

原始凭证的审核是一项严肃细致、政策性很强的工作,需要有较高的业务素质和认真的工作精神。它要求会计人员既要熟悉国家相关的政策、法规,又要了解本单位生产经营情况,同时还要求会计人员能够坚持原则,照章办事。对于不合法、不真实、不完整、不正确的原始凭证坚决予以抵制,充分发挥会计的监督作用,为以后的会计核算奠定良好的基础。

第三节 记 账 凭 证

一、记账凭证的种类

记账凭证可按不同的标准进行分类,按照用途可分为专用记账凭证和通用记账凭证;按照填列方式可分为单式记账凭证和复式记账凭证。

(一) 按凭证的用途分类

1. 专用记账凭证

专用记账凭证是指分类反映经济业务的记账凭证,按其反映的经济业务内容,可分为收款凭证、付款凭证和转账凭证。

(1) 收款凭证。收款凭证是指用于记录现金和银行存款收款业务的记账凭证。

(2) 付款凭证。付款凭证是指用于记录现金和银行存款付款业务的记账凭证。

(3) 转账凭证。转账凭证是指用于记录不涉及现金和银行存款业务的记账凭证。

各种记账凭证,其格式分别如表 7-6、表 7-7、表 7-8、表 7-9 所示。

表 7-6　　　　　　　　　　　　　收 款 凭 证

借方科目：　　　　　　　　　　　年　月　日　　　　　　　　　　收字第　号

摘　要	贷方科目	记账	金　额
合　计			

附件　　张

会计主管：　　　　记账：　　　　出纳：　　　　审核：　　　　制单：

表 7-7　　　　　　　　　　　　　付 款 凭 证

贷方科目：　　　　　　　　　　　年　月　日　　　　　　　　　　付字第　号

摘　要	借方科目	记账	金　额
合　计			

附件　　张

会计主管：　　　　记账：　　　　出纳：　　　　审核：　　　　制单：

表 7-8　　　　　　　　　　　　　转 账 凭 证

　　　　　　　　　　　　　　　　年　月　日　　　　　　　　　　转字第　号

摘要	会计科目	记账	借方金额	贷方金额
合　计				

附件　　张

会计主管：　　　　记账：　　　　出纳：　　　　审核：　　　　制单：

表 7-9　　　　　　　　　　　　　　记 账 凭 证
年　月　日　　　　　　　　　　记字第　号

摘要	会计科目	记账	借方金额	贷方金额	
					附件
					张
合　　　计					

会计主管：　　　　记账：　　　　出纳：　　　　审核：　　　　制单：

2. 通用记账凭证

通用记账凭证是指用来反映所有经济业务的记账凭证，为各类经济业务所共同使用，其格式与转账凭证基本相同。

（二）按凭证的填列方式分类

1. 单式记账凭证

单式记账凭证是指只填列经济业务所涉及的一个会计科目及其金额的记账凭证。

2. 复式记账凭证

复式记账凭证是指将每一笔经济业务所涉及的全部科目及其发生额均在同一张记账凭证中反映的一种凭证。

二、记账凭证的基本内容

记账凭证是登记账簿的依据，因其所反映经济业务的内容不同、各单位规模大小及其对会计核算繁简程度的要求不同，其内容有所差异，但应当具备以下基本内容：①填制凭证的日期；②凭证编号；③经济业务摘要；④会计科目；⑤金额；⑥所附原始凭证张数；⑦填制凭证人员、稽核人员、记账人员、会计机构负责人、会计主管人员签名或者盖章。收款和付款记账凭证还应当由出纳人员签名或者盖章。以自制的原始凭证或者原始凭证汇总表代替记账凭证的，也必须具备记账凭证应有的项目。

三、记账凭证的填制要求

记账凭证根据审核无误的原始凭证或原始凭证汇总表填制。记账凭证填制正确与否，直接影响整个会计系统最终提供信息的质量。与原始凭证的填制相同，记账凭证也有记录真实，内容完整，手续齐全，填制及时等要求。

（一）记账凭证填制的基本要求

(1) 记账凭证各项内容必须完整。

(2) 记账凭证的书写应当清楚、规范。

(3) 除结账和更正错账可以不附原始凭证外，其他记账凭证必须附原始凭证。

（4）记账凭证可以根据每一张原始凭证填制，或根据若干张同类原始凭证汇总填制，也可以根据原始凭证汇总表填制；但不得将不同内容和类别的原始凭证汇总填制在一张记账凭证上。

（5）记账凭证应连续编号。凭证应由主管该项业务的会计人员，按业务发生的顺序并按不同种类的记账凭证采用"字号编号法"连续编号。如果一笔经济业务需要填制两张以上（含两张）记账凭证的，可以采用"分数编号法"编号。

（6）填制记账凭证时若发生错误，应当重新填制。

（7）记账凭证填制完成后，如有空行，应当自金额栏最后一笔金额数字下的空行处至合计数上的空行处划线注销。

（二）收款凭证的填制要求

收款凭证左上角的"借方科目"按收款的性质填写"库存现金"或"银行存款"；日期填写的是填制本凭证的日期；右上角填写填制收款凭证的顺序号；"摘要"填写对所记录的经济业务的简要说明；"贷方科目"填写与收入"库存现金"或"银行存款"相对应的会计科目；"记账"是指该凭证已登记账簿的标记，防止经济业务重记或漏记；"金额"是指该项经济业务的发生额；该凭证右边"附件×张"是指本记账凭证所附原始凭证的张数；最下边分别由有关人员签章，以明确经济责任。

（三）付款凭证的填制要求

付款凭证是根据审核无误的有关库存现金和银行存款的付款业务的原始凭证填制的。付款凭证的填制方法与收款凭证基本相同，不同的是在付款凭证的左上角应填列贷方科目，即"库存现金"或"银行存款"科目，"借方科目"栏应填写与"库存现金"或"银行存款"相应的一级科目和明细科目。

对于涉及"库存现金"和"银行存款"之间的相互划转业务，为了避免重复记账，一般只填制付款凭证，不再填制收款凭证。

出纳人员在办理收款或付款业务后，应在原始凭证上加盖"收讫"或"付讫"的戳记，以免重收重付。

（四）转账凭证的填制要求

转账凭证通常是根据有关转账业务的原始凭证填制的。

转账凭证中"总账科目"和"明细科目"栏应填写应借、应贷的总账科目和明细科目，借方科目应记金额应在同一行的"借方金额"栏填列，贷方科目应记金额应在同一行的"贷方金额"栏填列，"借方金额"栏合计数与"贷方金额"栏合计数应相等。

此外，某些既涉及收款业务，又涉及转账业务的综合性业务，可分开填制不同类型的记账凭证。

四、记账凭证的审核

为了保证会计信息的质量，在记账之前应由有关稽核人员对记账凭证进行严格的审核，审核的内容主要包括：①内容是否真实；②项目是否齐全；③科目是否正确；④金额是否正确；⑤书写是否规范；⑥手续是否完备。

五、记账凭证填制实例

【例7-1】 ××××年5月1日,出售甲材料10千克,收现金60元。填制的现金收款凭证式样如表7-10所示(不考虑增值税)。

表7-10　　　　　　　　　　　　收　款　凭　证
借方科目:1001 库存现金　　　　××××年5月1日　　　　　现收字第1号

摘　要	贷方科目	记账	金　额	
销售材料	510201 其他业务收入——甲材料		60.00	附件1张
	合　计		￥60.00	

会计主管:王明　　记账:张宏　　出纳:李育　　审核:赵营　　制单:吴方

【例7-2】 ××××年5月5日,销售A产品一批,价款10 000元,税款1 700元,价税款收存银行。填制的银行存款收款凭证式样如表7-11所示。

表7-11　　　　　　　　　　　　收　款　凭　证
借方科目:1002 银行存款　　　　××××年5月5日　　　　　银收字第1号

摘　要	贷方科目	记账	金　额	
销售商品	510101 主营业务收入——A产品		10 000.00	附件2张
	217101 应交税费——应交增值税		1 700.00	
	合　计		￥11 700.00	

会计主管:王明　　记账:张宏　　出纳:李育　　审核:赵营　　制单:吴方

【例7-3】 ××××年5月15日,购进乙材料1 000千克,价款20 000元,税款3 400元,价税款以银行存款支付,材料验收入库。填制的银行存款付款凭证如表7-12所示。

表7-12　　　　　　　　　　　　付　款　凭　证
贷方科目:1002 银行存款　　　　××××年5月15日　　　　银付字第1号

摘　要	借方科目	记账	金　额	
购进原材料	121102 原材料——乙材料		20 000.00	附件2张
	217101 应交税费——应交增值税		3 400.00	
	合　计		￥23 400.00	

会计主管:王明　　记账:张宏　　出纳:李育　　审核:赵营　　制单:吴方

【例7-4】××××年5月15日,以现金支付办公用品费500元。填制的现金付款凭证如表7-13所示。

表7-13　　　　　　　　　　　付　款　凭　证

贷方科目:1001 库存现金　　　　　××××年5月15日　　　　　现付字第1号

摘　要	借方科目	记账	金　额
购办公用品	550201 管理费用——公司经费		500.00
合　　计			￥500.00

附件1张

会计主管:王明　　　记账:张宏　　　出纳:李育　　　审核:赵营　　　制单:吴方

【例7-5】××××年5月31日,计提本月行政管理部门固定资产折旧费2 000元。填制的转账凭证如表7-14所示。

表7-14　　　　　　　　　　　转　账　凭　证

××××年5月31日　　　　　　　　　转字第1号

摘　要	会计科目	记账	借方金额	贷方金额
计提折旧	550202 管理费用——折旧费		2 000.00	
	1502 累计折旧			2 000.00
合　　计			￥2 000.00	￥2 000.00

附件1张

会计主管:王明　　　记账:张宏　　　审核:赵营　　　制单:吴方

通用记账凭证的填制方法与专用记账凭证中的转账凭证填制方法大同小异,只是在填写"字号"时是"记字第×号"而不是"转字第×号",注意不要混淆。

对于现金和银行存款之间相互划转的业务(即"借:现金　贷:银行存款"或"借:银行存款　贷:现金"的会计分录),不能既编制收款凭证又编制付款凭证。为了避免重复记账,一般只填制付款凭证。

【例7-6】××××年5月31日,从银行提取现金15 000元,准备发放工资。填制的银行存款付款凭证如表7-15所示。

表 7-15 付 款 凭 证
贷方科目:1002 银行存款　　　　　××××年5月31日　　　　　银付字第2号

摘　要	借方科目	记账	金　额	
提取现金	1001 库存现金		15 000.00	附件1张
合　计			￥15 000.00	

会计主管:王明　　记账:张宏　　出纳:李育　　审核:赵营　　制单:吴方

【例 7-7】 ××××年5月31日,将超过库存限额的现金300元送存银行。填制的现金付款凭证如表7-16所示。

表 7-16 付 款 凭 证
贷方科目:1001 库存现金　　　　　××××年5月31日　　　　　现付字第2号

摘　要	借方科目	记账	金　额	
现金存银行	1002 银行存款		300.00	附件1张
合　计			￥300.00	

会计主管:王明　　记账:张宏　　出纳:李育　　审核:赵营　　制单:吴方

第四节　会计凭证的传递和保管

一、会计凭证的传递

会计凭证的传递是指从会计凭证的取得或填制时起至归档保管过程中,在单位内部有关部门和人员之间的传送程序。会计凭证的传递,应当满足内部控制制度的要求,使传递程序合理有效,同时尽量节约传递时间,减少传递的工作量。各单位应根据具体情况确定每一种会计凭证的传递程序和方法。

会计凭证的传递具体包括传递程序和传递时间。各单位应根据经济业务特点、内部机构设置、人员分工和管理要求,具体规定各种凭证的传递程序;根据有关部门和经办人员办理业务的情况,确定凭证的传递时间。

二、会计凭证的保管

会计凭证的保管是指会计凭证记账后的整理、装订、归档和存查工作。会计凭证作为记账的依据,是重要的会计档案和经济资料。本单位以及其他有关单位,可能因为各种需要查阅会计凭证,特别是发生贪污、盗窃、违法乱纪行为时,会计凭证还是依法处理的有效证据。因此,任何单位在完成经济业务手续和记账后,必须将会计凭证按规定的立卷归档制度形成会计档案资料,妥善保管,防止丢失,不得任意销毁,以便日后随时查阅。

会计凭证的保管要求主要有:

(1) 会计凭证应定期装订成册,防止散失。会计部门在依据会计凭证记账以后,应定期(每天、每旬或每月)对各种会计凭证进行分类整理,将各种记账凭证按照编号顺序,连同所附的原始凭证一起加具封面和封底,装订成册,并在装订线上加贴封签,由装订人员在装订线封签处签名或盖章。

从外单位取得的原始凭证遗失时,应取得原签发单位盖有公章的证明,并注明原始凭证的号码、金额、内容等,由经办单位会计机构负责人(会计主管人员)和单位负责人批准后,才能代作原始凭证。若确实无法取得证明的,如车票丢失,则应由当事人写明详细情况,由经办单位会计机构负责人(会计主管人员)和单位负责人批准后,代作原始凭证。

(2) 会计凭证封面应注明单位名称、凭证种类、凭证张数、起止号数、年度、月份、会计主管人员和装订人员等有关事项,会计主管人员和保管人员应在封面上签章。

(3) 会计凭证应加贴封条,防止抽换凭证。原始凭证不得外借,其他单位如有特殊原因确实需要使用时,经本单位会计机构负责人(会计主管人员)批准,可以复制。向外单位提供的原始凭证复制件,应在专设的登记簿上登记,并由提供人员和收取人员共同签名、盖章。

(4) 原始凭证较多时,可单独装订,但应在凭证封面注明所属记账凭证的日期、编号和种类,同时在所属的记账凭证上应注明"附件另订"及原始凭证的名称和编号,以便查阅。

对各种重要的原始凭证,如押金收据、提货单等,以及各种需要随时查阅和退回的单据,应另编目录,单独保管,并在有关的记账凭证和原始凭证上分别注明日期和编号。

(5) 每年装订成册的会计凭证,在年度终了时可暂由单位会计机构保管 1 年,期满后应当移交本单位档案机构统一保管;未设立档案机构的,应当在会计机构内部指定专人保管。出纳人员不得兼管会计档案。

(6) 严格遵守会计凭证的保管期限要求,期满前不得任意销毁。

复习思考题

1. 什么是会计凭证?它有什么作用?
2. 什么是原始凭证?原始凭证按来源不同分为哪几种?

3. 原始凭证按照填制手续和方法的不同，可分为哪几种？
4. 原始凭证主要包括哪些基本内容？
5. 什么是记账凭证？
6. 记账凭证的填制有什么要求？
7. 举例说明如何填制收款凭证、付款凭证和转账凭证。
8. 对于现金和银行存款之间相互划转的业务，如何填制凭证？试举例说明。

第八章　会计账簿

登记会计账簿是会计核算专门方法之一。会计凭证、会计账簿和会计报表是经济业务的三大载体。会计账簿一头连接会计凭证,另一头连接会计报表,它处在中心位置。登记账簿是手工会计日常最烦琐、工作量最大的工作之一。实行会计电算化,可以让会计人员从烦琐的登账工作中获得解脱。

通过本章学习,重点掌握登记会计账簿的基本知识和技能。

第一节　会计账簿概述

一、会计账簿的概念与作用

会计账簿是指由一定格式的账页组成的,以经过审核的会计凭证为依据,全面、系统、连续地记录各项经济业务的簿籍。设置和登记账簿,是编制财务报表的基础,是连接会计凭证和财务报表的中间环节。

设置和登记账簿的作用主要有:①记载和储存会计信息;②分类和汇总会计信息;③检查和校正会计信息;④编报和输出会计信息。

设置和登记会计账簿是会计工作的重要环节,各单位通过会计凭证的填制和审核,可将每日发生的经济业务记录和反映在会计凭证上。但会计凭证数量多、资料分散,每张凭证只能记载个别的经济业务,所提供的资料是零星的。为了全面、系统、连续地反映企事业单位的经济活动和财务收支情况,需要把会计凭证所记载的大量分散的资料加以分类、整理。这一任务是通过设置和登记会计账簿来实现的。通过账簿记录,既能对经济活动进行序时核算,又能进行分类核算;既可提供各项总括的核算资料,又可提供明细核算资料。

二、会计账簿的基本内容

在实际工作中,由于各种会计账簿所记录的经济业务不同,账簿的格式也多种多样,但各种账簿都应具备以下基本内容:①封面;②扉页;③账页。

三、会计账簿与账户的关系

账簿与账户的关系是形式和内容的关系。账簿是由若干账页组成的一个整体,账簿中的每一账页就是账户的具体存在形式和载体,没有账簿,账户就无法存在;账簿序时、分类地记录经济业务,是在各个具体的账户中完成的。因此,账簿只是一个外在形式,账户才是它的实质内容。

四、会计账簿的种类

会计账簿的种类多种多样,为了更好地了解和正确地运用会计账簿,必须对账簿进行分类。账簿一般可以按用途、账页格式和外表形式的不同进行分类。

(一)按用途分类

1. 序时账簿

序时账簿又称日记账,是按照经济业务发生时间的先后顺序逐日、逐笔登记的账簿。序时账簿按其记录的内容,可分为普通日记账和特种日记账。

普通日记账是对全部经济业务按其发生时间的先后顺序逐日、逐笔登记的账簿;特种日记账是对某一特定种类的经济业务按其发生时间的先后顺序逐日、逐笔登记的账簿。

2. 分类账簿

分类账簿是按照会计要素的具体类别而设置的分类账户进行登记的账簿。账簿按其反映经济业务的详略程度,可分为总分类账簿和明细分类账簿。

总分类账簿又称总账,是根据总分类账户开设的,能够全面地反映企业的经济活动的账簿;明细分类账簿又称明细账,是根据明细分类账户开设的,用来提供明细的核算资料的账簿。总账对所属的明细账起统驭作用,明细账对总账进行补充和说明。

3. 备查账簿

备查账簿又称辅助登记簿或补充登记簿,是指对某些在序时账簿和分类账簿中未能记载或记载不全的经济业务进行补充登记的账簿。备查账簿只是对其他账簿记录的一种补充,与其他账簿之间不存在严密的依存和勾稽关系。备查账簿根据企业的实际需要设置,没有固定的格式要求。

(二)按账页格式分类

按账页格式不同,账簿可以分为两栏式、三栏式、数量金额式、多栏式和横线登记式五种。

1. 两栏式账簿

两栏式账簿是指只有借方和贷方两个基本金额栏目的账簿。普通日记账一般采用两栏式账簿。

2. 三栏式账簿

三栏式账簿是设有借方、贷方和余额三个基本栏目的账簿。各种日记账、总分类账以及资本、债权、债务明细分类账都可以采用三栏式账簿。

3. 数量金额式账簿

数量金额式账簿是在借方、贷方和余额三个栏内,都分设数量、单价和金额三小栏,借以反映财产物资的实物数量和价值量,如原材料、库存商品、产成品等。明细账一般采用数量金额式账簿。

4. 多栏式账簿

多栏式账簿是在账簿的两个基本栏目借方和贷方按需要分设若干专栏的账簿。其专栏设置在借方还是贷方,或是两方同时设专栏,专栏的数量设多少栏,均应根据需要而确定。

5. 横线登记式账簿

横线登记式账簿也称平行式账簿。它的账页结构特点是:将前后密切相关的经济业务在同一横线行内进行详细登记,以检查每笔经济业务完成及变动情况。

(三)按外形特征分类

账簿按外表形式的不同,可分为订本账、活页账和卡片账三种。

1. 订本账

订本账是在启用前进行顺序编号并固定装订成册的账簿。订本账一般用于现金日记账、银行存款日记账和总分类账。其优点是:用以防止账页的散失和非法抽换;其缺点是:账页固定后,不便于分工记账,也不能根据记账需要增减账页。

2. 活页账

活页账是把账页装订在账夹内,可以随时增添或取出账页的账簿。其优点是:可以根据需要增添或重新排列账页,并且可以组织同时分工记账;其缺点是:账页容易丢失和被抽换。采用活页账,平时应按账页顺序编号,并在会计期末装订成册。装订完毕后,应按实际账页数顺序编号并加目录。这种账簿主要用于一般的明细分类账。

3. 卡片账

卡片账是由专门格式、分散的卡片作为账页组成的账簿。这种账簿一般用卡片箱装置,可以随取随放,它实际上也是一种活页账。卡片账具有一般活页账的优缺点外,它不需要每年更换,可以跨年度使用。"固定资产明细账"、"低值易耗品明细账"一般采用这种形式。

现将会计账簿的分类列示如图 8-1 所示。

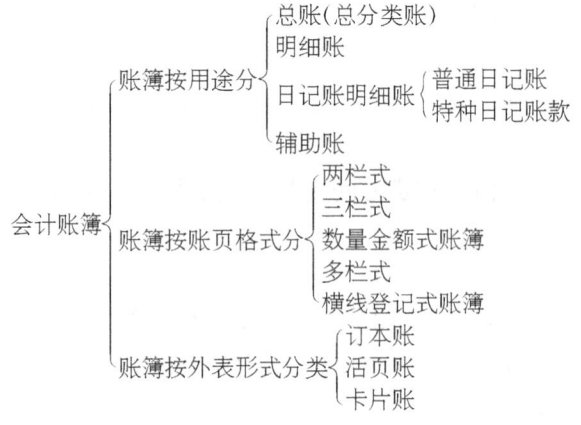

图 8-1 会计账簿的分类

第二节 会计账簿启用与登记要求

一、会计账簿的启用

会计账簿是企业重要的经济档案。为了保证账簿记录的合法性、合理性,保证账簿资料的完整性,防止舞弊行为,明确记账责任,会计人员启用新的会计账簿时,应当在账簿封面上写明单位名称和账簿名称,并在账簿扉页上附启用表,如表8-1所示,详细填明:企业名称、账簿名称、账簿编号、账簿页数(如为活页账应在装订成册后写明页数)和启用日期等,并填明会计主管人员、记账人员姓名、加盖公章或会计主管人员和记账人员名章。如记账人员变更时,应在主管会计监督下办理交接手续,并在表内注明交接日期。移交人和接管人双方都应签章,以明确责任。启用订本式账簿应当从第一页到最后一页顺序编定页数,不得跳页、缺号。使用活页式账簿应当按账户顺序编号,并须定期装订成册,装订后再按实际使用的账页顺序编定页码,另加目录以便于记明每个账户的名称和页次。

表8-1　　　　　　　　　账簿启用及经管人员一览表

账簿名称_____　　　　　　　　　单位名称_____
账簿编号_____　　　　　　　　　账簿册数_____
账簿页数_____　　　　　　　　　启用日期_____
会计主管(签章)　　　　　　　　　　记账人员(签章)

移交日期			移交人		接管日期			接管人		会计主管	
年	月	日	姓名	盖章	年	月	日	姓名	盖章	姓名	盖章

二、会计账簿的登记要求

会计账簿的登记要求主要包括以下几个方面:

(1)为了保证账簿记录的准确性,必须根据审核无误的会计凭证,及时地登记各种账簿。登记账簿时,应将会计凭证的日期、编号、摘要、金额等逐项登记入账,做到数字准确、摘要简明清楚、登记及时。

(2)账簿登记完毕,应在"过账"栏内注明账簿的页数或作出"√"符号,表示已登记入账,以免重登、漏登,也便于查阅、核对,并在记账凭证上签名或盖章。

(3)为了使账簿记录清晰,防止涂改,记账时必须用钢笔和蓝、黑墨水或规定使用的圆珠笔书写,不能使用铅笔或不符合规定的圆珠笔登账,红色墨水只能在结账划线、改错和冲账时使用(因为在会计相关规定中,红字表示负数或冲销);账簿中书写的文字和数字上面要留有适当的空间,不要写满格,一般沿空格下线书写,字体只占空格的1/2。这样,一旦发生记账差错,比较容易进行更正。

(4) 各种账簿必须按事先编写的页码,逐页、逐行顺序连续登记,不得隔页、缺号、跳行,如不慎发生此种情况,应在空页或空行处用红色墨水对角划线注销,并注明"作废"字样,同时由经手人员和会计机构负责人(会计主管人员)在更正处盖章。对各种账簿的账页不得任意抽换和撕毁,以防舞弊。

(5) "摘要"栏内的说明应简明扼要,文字要规范,"金额"栏的数字应与账页上标明的位数对准,各账户结出余额后,应在"借或贷"栏内写明"借"或"贷"。没有余额的账户在"借或贷"栏内写"平"字,在"余额"栏内写"0"。现金日记账和银行日记账必须逐日结出余额。

(6) 每一账页登记完毕,应在账页的最末一行加计本页发生额及余额,并在摘要栏内注明"过次页",同时在新账页的首行记入上页加计的发生额和余额,并在摘要栏内注明"承前页",以便对账和结账。

(7) 账簿记录发生错误时的情况,按规定的方法进行更正。

第三节　会计账簿的格式和登记方法

会计账簿的设置,包括确定账簿的种类,设计账页的格式、内容和规定账簿登记的方法等。

各单位应根据经济业务的特点和管理要求,科学、合理地设置账簿。账簿的设置要组织严密、层次分明。账簿之间要互相衔接、互相补充、互相制约,要能清晰地反映账户间的对应关系,以便提供完整、系统的资料。会计账簿的设置,既要防止账簿重叠、繁琐复杂,也要防止过于简化,以致不能提供日常管理所需的资料和编制报表的数据。同时,根据我国《会计法》规定,各单位发生的各项经济业务事项应当在依法设置的会计账簿上统一登记、核算,不得违反《会计法》和国家统一的会计制度的规定,私设会计账簿登记、核算。

下面以企业为例说明日记账和分类账的格式和登记的一般方法。

一、日记账的格式和登记方法

日记账有普通日记账和特种日记账两类。

(一) 普通日记账

普通日记账是逐日序时登记特种日记账以外经济业务的账簿。在不设特种日记账的企业,则要序时地逐笔登记企业的全部经济业务,因此,普通日记账也称分录簿。

普通日记账的格式,如表8-2所示。它一般分为"借方金额"和"贷方金额"两栏,登记每一分录的借方账户和贷方账户及金额。这种账簿不结余额。

表 8-2　　　　　　　　　　　　　普通日记账

第　　页

年		凭证号码		会计科目	摘要	借方金额	贷方金额	过账
月	日	字	号					

（二）特种日记账

各单位一般应设置特种日记账，常用的特种日记账是"库存现金日记账"和"银行存款日记账"。除此之外，有的单位还设置"转账日记账"，有的商业企业还设置"购货日记账"和"销货日记账"。

1. 库存现金日记账的格式与登记方法

库存现金日记账是由出纳人员根据审核无误的库存现金收付凭证，序时逐笔登记的账簿。一般是指库存现金收付日记账，如进一步细分，可以分为"库存现金收入日记账"和"库存现金付出日记账"。

"库存现金日记账"的格式，如表 8-3 所示。它的基本结构为"收入"、"付出"和"结余"三栏。出纳人员根据现金收付有关记账凭证逐日逐笔进行登记，并根据"上日余额＋本日收入－本日支出＝本日余额"的公式，逐日结出现金余额，同实存现金相核对，借以检查每日现金的收、付、存情况以及库存现金限额的执行情况。

表 8-3　　　　　　　　　　　　　库存现金日记账

第　　页

年		凭证号码		对方科目	摘要	收入	付出	结余
月	日	现收	现付					

"库存现金收入日记账"的格式，如表 8-4 所示。"库存现金付出日记账"的格式，如表 8-5 所示。它们一般采用多栏式。其结构要点是：现金收入要按对应科目，将金额记入有关的"贷方科目"内，同时加计收入合计栏；现金支出要按对应科目，将金额记入有关的"借方科目"栏内，同时加计付出合计栏；每日终了要将现金付出日记账的支出合计，登入现金收入日记账的支出合计栏，并结出余额，填入余额栏。

表 8-4　　　　　　　　　　　　库存现金收入日记账

第　　页

年		收款凭证		摘要	贷方科目					收入合计	支出合计	余额
月	日	字	号									

表 8-5　　　　　　　　　　　库存现金付出日记账

第　页

年		付款凭证		摘　要	结算凭证		借　方　科　目	
月	日	字	号		种类	号数		支出合计

2. 银行存款日记账的格式与登记方法

银行存款日记账是由出纳人员根据审核无误的银行存款收付凭证,序时逐笔登记的账簿,一般是指银行存款收付日记账,如进一步细分,可以分为"银行存款收入日记账"和"银行存款付出日记账"。

银行存款日记账的格式,与库存现金日记账相同,可以采用三栏式,也可以采用多栏式,其格式与表 8-3、表 8-4、表 8-5 相似。银行存款日记账应按存款种类分别设置"结算户存款"、"信用证存款"等账簿。对外币银行存款,应按不同的币种和开户银行分别设置日记账。

二、总分类账的格式与登记方法

总分类账简称总账,是按照总分类账户分类登记以提供总括会计信息的账簿。总账中的账页是按总账科目(一级科目)开设的总分类账户,能全面、系统、综合地反映和记录经济活动情况和财务收支情况,并为编制会计报表提供数据。因此,每一单位都必须设置总分类账。

1. 总分类账的格式

总分类账的格式一般采用三栏式账页,如表 8-6 所示。

表 8-6　　　　　　　　　　　总　分　类　账

账户名称：　　　　　　　　　　　　　　　　　　　　　　　　　　　　第　页

年		凭证号码	摘　要	借方	贷方	借或贷	余额
月	日						

2. 总分类账的登记方法

总分类账可以按记账凭证逐笔进行登记,也可按汇总记账凭证或科目汇总表进行登记。采用哪种方法登记,需根据企业采用的账务处理程序不同而定。

三、明细分类账的格式与登记方法

明细分类账也称明细账,是根据二级账户或明细账户开设账页,分类、连续地登记经济业务以提供明细核算资料的账簿。明细分类账能分类详细地反映和记录资产、负债、所有者权益、费用、成本和收入、利润的各种资料,它对总分类账起补充说明作用,也为编制会计报表提供一定的资料。

明细账的格式,应根据各单位经营业务的特点和管理需求来确定。常用的有"三栏式"、"多栏式"、"数量金额式"和"横线登记式"等多种格式。

1. 三栏式

三栏式明细账页的格式同总分类账的格式基本相同,它只设借方、贷方和余额三个金额栏,不设数量栏。这种账页适用于采用金额核算的应收账款、应付账款、应交税费等账户的明细核算。三栏式明细分类账格式如表8-7。

表8-7　　　　　　　　　　　　　明细分类账

会计科目:
明细科目:　　　　　　　　　　　　　　　　　　　　　　　　　　　　第　页

年		凭证号码	摘　要	借方	贷方	借或贷	余额
月	日						

2. 多栏式

多栏式明细分类账的格式视管理需要而呈多种多样。它在一张账页上,对同一个总账科目的各个明细科目进行登记,即在这种格式账页的借方或贷方,按明细科目分设若干专栏,集中反映有关明细项目的核算资料。多栏式明细分类账适用于成本费用类科目的明细核算。如"制造费用明细账"(如表8-8所示),它在借方栏下,可分设若干专栏:工资和福利费、折旧费、修理费、办公费……企业发生的制造费用,借记该账户,贷方发生额由于每月发生的笔数很少,若有发生可以在借方直接用红字冲销。

表8-8　　　　　　　　　　　　　制造费用明细账

　　　　　　　　　　　　　　　　　　　　　　　　　　　　　　　　第　页

年		凭证号码	摘　要	借　方					贷方	余额
月	日			工资和福利费	折旧费	修理费	办公费	水电费		

3. 数量金额式

数量金额式明细账页的格式,如表8-9所示。它在收入、发出、结存三栏内,再分别设置"数量"、"单价"、"金额"等栏目,以分别登记实物的数量和金额。

表 8-9　　　　　　　　　　　　明 细 分 类 账
（数量金额式账页）

类别：　　　　　　　　　　　　　　　　　　　　　　　　　　　计划单价：
品名或规格：　　　　　　　　　　　　　　　　　　　　　　　　储备定额：
存放地点：　　　　　　　　　　　　　　　　　　　　　　　　　计量单位：

年		凭证号码	摘要	收入			发出			结存		
月	日			数量	单价	金额	数量	单价	金额	数量	单价	金额

数量金额式明细账适用于既要进行金额明细核算又要进行数量明细核算的财产物资项目。如"原材料"、"库存商品"等账户的明细核算。它能提供各种财产物资收入、发出、结存的数量和金额资料，便于开展业务和加强管理。此外，为满足管理上的要求，在账页的上端另外设计一些必要的项目，以便掌握一些需要的资料。

4. 横线登记式

横线登记式账页是采用横线登记，即将每一相关的业务登记在一行，从而可依据每一行各个栏目的登记是否齐全来判断该项业务的进展情况。这种格式适用于登记材料采购、在途物资、应收票据和一次性备用金业务。其账页格式如表 8-10 所示。

表 8-10　　　　　　　　　　　明 细 分 类 账

年		凭证号码	摘　要	借方	年		凭证号码	摘　要	贷方	余额
月	日				月	日				

明细分类账的登记通常有几种方法：一是根据原始原始凭证直接登记明细账；二是根据汇总原始凭证登记明细账；三是根据记账凭证登记明细账。不同类型经济业务，可根据管理需要，采用逐日逐笔或定期汇总登记。通常货币资金类、债权、债务等明细账应逐日逐笔登记；存货类、收入、费用等明细账可以逐日逐笔登记，也可以定期汇总登记。

第四节　对　账　和　结　账

登记账簿由记账、对账和结账三个相互联系而不可分割的工作环节组成。我们在上一节讨论了各种账簿的登记方法，本节将进一步讨论对账和结账的要求和方法。

一、对账

(一) 对账的概念

对账就是核对账目,是指对账簿、账户记录所进行的核对工作。通过对账,应当做到账证相符、账账相符、账实相符。它是会计核算的一项重要内容。

账簿记录的准确与真实可靠,不仅取决于账簿的本身,还涉及账簿与凭证的关系,以及账簿记录与实际情况是否相符的问题等。所以,对账应包括:账簿与凭证的核对、账簿与账簿的核对、账簿与实物的核对。这种核对要建立定期的对账制度,在结账前和结账过程中,把账簿记录的数字核对清楚,做到账证相符、账账相符、账实相符。

(二) 对账的内容

1. 账证核对

账证核对是指将账簿记录与会计凭证相核对,这是保证账账相符、账实相符的基础。账证核对工作,平常是通过编制凭证和记账中的"复核"环节进行的。在结账时,对主要内容有疑问的,应进行重点抽查与核对。

2. 账账核对

账账核对是指各种账簿之间有关数字应该核对相符,主要有:

(1) 总分类账中,全部账户的借方余额合计数应同贷方余额合计数相符。

(2) 总分类账中,"库存现金"、"银行存款"账户的余额数应同相对应的日记账数核对相符。

(3) 总分类账中,各账户的月末余额,与所属明细分类账户月末余额之和核对相符。

(4) 会计部门有关财产物资的明细分类账的余额,与财产物资保管部门或使用部门相应的明细账(卡)核对相符。

以上各种账簿间,可以直接进行核对,对内容较多的可以通过编表进行核对。

3. 账实核对

账实核对是指各项财产物资、债权债务等账面余额与实有数额之间的核对。主要有:

(1) 现金日记账的账面余额应同现金的实际库存数每日核对相符。

(2) 银行存款日记账的账面余额应同银行对账单核对相符,每月至少核对一次。

(3) 各项财产物资明细账余额与财产物资的实有数额是否相符。

(4) 有关债权债务(应收、应付款项等)明细分类账账面余额与对方单位的账面记录是否相符。

上述账实(包括账物、账款)核对工作中,结算款项一般利用对账单的形式进行核对,各种财产物资一般通过财产清查进行核对。

二、结账

1. 结账的概念

结账是一项将账簿记录定期结算清楚的账务工作。在一定时期结束时(如月末、季末或年末),为了编制财务报表,需要进行结账,具体包括月结、季结和年结。结账的内容通常包括两个方面:一是结清各种损益类账户,并据以计算确定本期利润;二是结出各资产、负债和所有者权益账户的本期发生额合计和期末余额。

2. 结账的程序

(1) 将本期发生的经济业务事项全部登记入账,并保证其正确。

(2) 根据权责发生制的要求,调整有关账项,合理确定本期应计的收入和应计的费用。

(3) 将损益类科目转入"本年利润"科目,结平所有损益类科目。

(4) 结算出资产、负债和所有者权益科目的本期发生额和余额,并结转下期。

3. 结账的方法

(1) 对不需要按月结计本期发生额的账户,每次记账后,都要随时结出余额,每月最后一笔余额为月末余额。月末结账时,只需要在最后一笔经济业务事项记录之下通栏划单红线,不需要再结计一次余额。

(2) 现金、银行存款日记账和需要按月结计发生额的收入、费用等明细账,每月结账时,要结出本月发生额和余额,在摘要栏内注明"本月合计"字样,并在下面通栏划单红线。

(3) 需要结计本年累计发生额的某些明细账户,每月结账时,应在"本月合计"行下结出自年初起至本月末止的累计发生额,登记在月份发生额下面,在摘要栏内注明"本年累计"字样,并在下面通栏划单线。12月末的"本年累计"就是全年的累计发生额,全年累计发生额下通栏划双红线。

(4) 总账账户平时只需结出月末余额。年终结算时,将所有总账账户结出全年发生额和年末余额,在摘要栏内注明"本年合计"字样,并在合计数下通栏划双红线。

(5) 年度终了结账时,有余额的账户,要将其余额结转下年,并在摘要栏注明"结转下年"字样;在下一会计年度新建有关会计账户的第一行余额栏内填写上年结转的余额,并在摘要栏注明"上年结转"字样。

第五节 错账查找与更正的方法

一、错账查找方法

1. 差数法

差数法是指按照错账的差数查找错账的方法。

例如,有一个会计分录如下:

借:生产成本　　　　　　　　　　　　　　　　　　　　　　　2 000

　　贷:原材料　　　　　　　　　　　　　　　　　　　　　　2 000

如果在记账时只登记了会计分录的借方2 000元,而漏记了贷方2 000元,从而使试算不平衡,会出现总账借方发生额比贷方发生额多2 000元的现象。对于类似差错,应由会计人员通过回忆有关金额的记账凭证进行查找。因此,差数法适用于漏记、重记等原因形成的差错。

2. 尾数法

尾数法是指对于发生的差错只查找末位数,以提高查错效率的方法。这种方法适合于借贷方金额其他位数都一致,而只有末位数出现差错的情况。如只差 0.17 元,只需看一下尾数".17"的金额,看是否已将其登记入账。

3. 除 2 法

除 2 法是指以差数除以 2 来查找错账的方法。当某个借方金额错记入贷方(或相反)时,出现错账的差数表现为错误的 2 倍,将此差数用 2 去除,得出的商即是反向的金额。如:

借:银行存款　　　　　　　　　　　　　　　　　　　　　　　　　3 000
　贷:其他应收款　　　　　　　　　　　　　　　　　　　　　　　　3 000

登记其他应收款明细账时,错把金额记入了借方,总账与明细账核对时,就会出现明细账借方金额大于总账借方余额 6 000 元,将 6 000 元除以 2,恰好是贷方记错的 3 000 元。

4. 除 9 法

除 9 法是指以差数除以 9 来查找错账的方法,适用于以下三种情况:

(1) 将数字写小。如收入现金 600 元,误记为 60 元,对账结果会出现 600－60＝540 元差值,用 540 除以 9,商为 60 元,商数即要查找的差错数,扩大 10 倍后即可得出正确的数字 600。

(2) 将数字写大。如将 90 元看成了 900 元并登记入账,此时在对账时就会出现结果差 900－90＝810 元,用 810 元除以 9,商为 90,90 元是应该记录的正确的数额。

(3) 相邻数字颠倒。如将 86 记成 68,它们的差值是 18,用差值除以 9,得出的商 2 连加 11,直到找到颠倒的数。即 13,24,35,46,57,68。这样知道错误问题之后,进一步判断错在哪一笔业务上就可以了。

二、错账更正规则方法

账簿记录应准确、整洁。记账时应精力集中,全神贯注,尽量避免差错。如果账簿记录发生了差错,不准涂改挖补、刮擦或者用药水消除字迹,不准重新抄写。必须按照规定的方法予以更正,由于记账差错的具体情况不同,更正错误的方法也不同,一般常用的更正错误的方法有:划线更正法、红字更正法和补充登记法等三种。

(一) 划线更正法

在结账前发现账簿记录中文字或数字有错误,而记账凭证没有错误。应采用划线更正法。更正时,先在错误的文字或数字(整个数字)上划一红线注销,并使原来的字迹仍可辨认,然后在红线上方空白处用蓝字填写上正确的文字或数字,并在更正处由记账人员盖章。对改正错误的数字一定要用红线全部划去,不能只改个别数字。如将 3 580 错写成 5 380,应将 5 380 整个数字全部用红线划去,再在红线一面空白处用蓝字写 3 580 予以更正。如凭证中的文字或数字发生错误,在尚未登账前,也可用这种方法更正。

(二) 红字更正法

红字更正法也叫赤字冲账法或红笔订正法。这种方法适用于记账凭证上的应记科目和金额发生错误,并已登记入账。上述发生的错误,不论是结账前还是结账后,不论是金额错误还是分录错误,都可采用此方法更正。更正时,先用红字金额填制一张内容与错误记账凭证完全相同的记账凭证,并在摘要中写明"更正第×号凭证错误",并据以用红字金额登记入账,冲销原有的错误记录;然后,再用蓝字重填一张正确的记账凭证,登记入账。现举例说明如下:

【例 8-1】 某车间耗用仓库发出的 A 材料 1 000 元,编制记账凭证时,借方账户误写为"管理费用"并已登记入账。其错误分录如下:

  借:管理费用   1 000
    贷:原材料   1 000

更正上述错误,应用红字金额填制一张内容与原来一样的记账凭证:

  借:管理费用 $\boxed{1\,000}$
    贷:原材料 $\boxed{1\,000}$

(注:$\boxed{1000}$表示红字)

然后,重新填制一张正确的记账凭证:

  借:制造费用   1 000
    贷:原材料   1 000

将上述两张记账凭证登记入账后,账簿记录的错误得以更正。

另外,有时在记账后发现记账凭证中应借、应贷的账户没有错,只是所填金额大于应填金额,可填制一张红字金额记账凭证,在"金额"栏中填列多计的数额,在"摘要"栏内注明"冲转第×号凭证多计数",并据以入账,以冲销原来多计的金额。

【例 8-2】 某车间耗用仓库发出的 A 材料 1 000 元。填制记账凭证时,将金额误记为 10 000 元。其错误分录如下:

  借:制造费用   10 000
    贷:原材料   10 000

为了更正上述账户中多记 9 000 元,应填制一张红字金额的记账凭证:

  借:制造费用 $\boxed{9\,000}$
    贷:原材料 $\boxed{9\,000}$

将上述更正错误的记账凭证记入有关账户后,原账簿中的错误记录便得到更正。

(三)补充登记法

补充登记法适用于记账后发现记账凭证中应借、应贷的会计账户正确,但所填的金额小于正确金额的情况。对于这种错误,采用红字更正法更正。

采用补充登记法时,将少填的金额(即正确金额与错误金额之间的差额)用蓝字填制一张记账凭证,在"摘要"栏内注明"补记第×号凭证少计数",并据以登记入账。这样便将少记的金额补充登记入账。现举例说明如下。

【例 8-3】 某仓库收到材料一批,计 10 000 元,已验收入库,货款未付。填制记制凭

证时,将金额误记为1 000元,并已登记入账。其错误分录如下:

借:原材料   1 000

 贷:应付账款   1 000

为了更正错误的记录,可将少记的9 000元用蓝字填制一张记账凭证:

借:原材料   9 000

 贷:应付账款   9 000

将上述更正错误的记账凭证登记入账后,原账簿记录中的错误记录就得到更正。这笔错误分录也可先用红字冲销原1 000元,再用蓝字重填一份10 000元的记账凭证进行更正。

在用红字更正法和补充登记法更正错误时,在更正错误的记账凭证上,应注明被更正记账凭证的日期和编号,以便核对查考。

第六节　会计账簿的更换与保管

一、会计账簿的更换

会计账簿的更换通常在新会计年度建账时进行。一般来说,总账、日记账和多数明细账应每年更换一次。但有些财产物资账明细账和债务明细账由于材料品种多、规格和往来单位较多,更换新账,重抄一遍的工作量较大,因此,可以不必每年度更换一次。各种备查簿也可以连续使用。

二、会计账簿的保管

年度终了,各种账户在对转下年,建立新账后,一般都要把旧账送交总账会计集中统一管理。被更换下来的旧账是会计档案的重要组成部分,必须科学、妥善地加以保管。会计账簿暂由单位财务会计部门保管1年,期满之后,由财务会计部门编造清册移交本单位的档案部门保管。

复习思考题

1. 为什么要设立账簿?记好账有什么作用?
2. 日记账和分类账有什么区别?明细分类账有哪些类型?
3. 记账时应该遵守哪些规则?用红笔登记账簿主要有哪些情况?
4. 错账更正的方法有哪几种?各种方法如何应用?
5. 如何进行对账?
6. 结账有哪些手续?其标志是什么?月结和年结有什么不同?

第九章 账务处理程序

账务处理程序是从取得原始凭证开始到编制会计报表的一系列会计核算工作的步骤和方法;会计凭证、会计账簿和会计报表的不同结合方式,形成了各种不同类型的账务处理程序。

通过学习,重点掌握记账凭证账务处理程序、汇总记账凭证账务处理程序和科目汇总表账务处理程序等三种主要账务处理程序。

第一节 账务处理程序概述

一、账务处理程序的概念与意义

账务处理程序,也称会计核算组织程序或会计核算形式,是指会计凭证、会计账簿、会计报表相结合的方式,包括会计凭证和账簿的种类、格式,会计凭证与账簿之间的联系方法,由原始凭证到编制记账凭证、登记明细分类账和总分类账、编制会计报表的工作程序和方法等。

会计凭证、会计账簿、会计报表之间的结合方式不同,形成了不同的账务处理程序,不同的账务处理程序又有不同的方法、特点和适用范围。科学、合理地选择适用于本单位的账务处理程序,对于提高会计核算工作效率,保证会计核算工作质量,有效地组织会计核算具有重要意义。

(1) 有利于会计工作程序的规范化,确定合理的凭证、账簿与报表之间的联系方式,保证会计信息加工过程的严密性,提高会计信息的质量。

(2) 有利于保证会计记录的完整性、正确性,通过凭证、账簿及报表之间的牵制作用,增强会计信息的可靠性。

(3) 有利于减少不必要的会计核算环节,通过井然有序的账务处理程序,提高工作效率,保证会计信息的及时性。

二、账务处理程序的种类

账务处理程序的建立是由多种因素决定的,主要有经济活动和财务收支的实际情况,经营管理的需要,会计核算中的核算手续等。这些因素是不断发生变化的,因此,由它们决定的会计凭证系统组织、会计账簿系统组织、会计报表组织以及核算程序和方法也在不断发生变化,由此形成了不同的账务处理程序。在我国,常用的账务处理程序主要有:

(1)记账凭证账务处理程序;
(2)汇总记账凭证账务处理程序;
(3)科目汇总表账务处理程序。

上述三种账务处理程序有许多共同之处,它们的不同之处在于登记总分类账的依据和程序不同。以下就三种账务处理程序作简要介绍。

第二节 记账凭证账务处理程序

一、一般步骤

(1)根据原始凭证编制汇总原始凭证。
(2)根据原始凭证或汇总原始凭证,编制记账凭证。
(3)根据收款凭证、付款凭证逐笔登记现金日记账和银行存款日记账。
(4)根据原始凭证、汇总原始凭证和记账凭证,登记各种明细分类账。
(5)根据记账凭证逐笔登记总分类账。
(6)期末,现金日记账、银行存款日记账和明细分类账的余额同有关总分类账的余额核对相符。
(7)期末,根据总分类账和明细分类账的记录,编制会计报表。

记账凭证账务处理程序如图9-1所示。

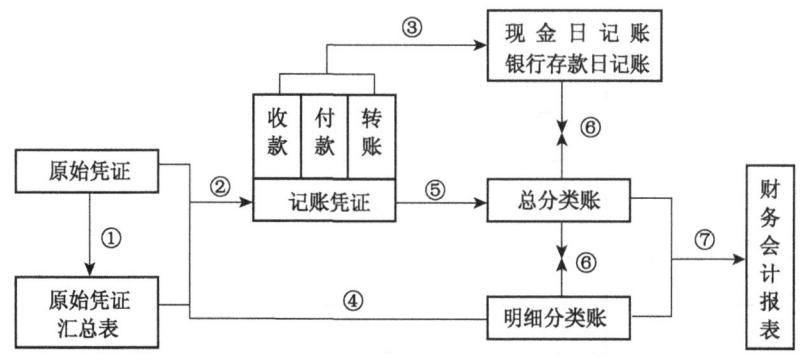

图9-1 记账凭证账务处理程序

二、记账凭证账务处理程序的内容

(一)特点

记账凭证账务处理程序是指对发生的经济业务事项,都要根据原始凭证或汇总原始凭证编制记账凭证,然后直接根据记账凭证逐笔登记总分类账的一种账务处理程序。其特点是直接根据记账凭证逐笔登记总分类账。它是最基本的账务处理程序。在这一程序中,记账凭证可以是通用记账凭证,也可以分设收款凭证、付款凭证和转账凭证,需要设置现金日记账、银行存款日记账、明细分类账和总分类账,其中现金日记账、银行存款日记账和总分类账一般采用三栏式,明细分类账根据需要采用三栏式、多栏式和数量金额式。

（二）优缺点

记账凭证账务处理程序的优点是：直接根据记账凭证登记总账,简单明了,易于理解,总分类可以较详细地反映经济业务的发生情况。其缺点是：登记总分类账的工作量较大。对于经济业务较多,经营规模较大的企业,总分类账的登记工作过于繁重。

（三）适用范围

记账凭证账务处理程序适用于规模较小、经济业务量较少的单位。

（四）记账凭证账务处理程序案例

1. 某企业总分类账户期初余额如表 9-1 所示。

表 9-1 总分类账户期初余额表

账户名称	借方余额	贷方余额
库存现金	900	
银行存款	125 000	
其他应收款	200	
原材料	86 900	
库存商品	27 000	
固定资产	950 000	
累计折旧		285 000
应付账款		11 700
短期借款		80 000
应交税费		3 000
实收资本		600 000
资本公积		70 300
盈余公积		120 000
利润分配		20 000
合计	1 190 000	1 190 000

注：有关明细分类账户的月初余额直接见各明细分类账户。

2. 该企业 1 月份发生的经济业务如下

（1）1 日,收到某投资方投入资本 50 000 元,存入银行。

(2) 2日,生产甲产品领用A材料5 000千克,单价10元,B材料2 000千克,单价4元。

(3) 4日,采购员李彬出差回来,报销差旅费190元,退回余款10元(原借款200元)。

(4) 5日,从银行提取现金50 000元,准备发放工资。

(5) 5日,用现金发放工资50 000元。

(6) 8日,从星光工厂购入A材料2 000千克,买价19 400元,增值税3 298元,运杂费600元,款项用银行存款支付,材料已验收入库。

(7) 9日,用银行存款归还短期借款30 000元。

(8) 10日,用银行存款交纳城市维护建设税2 100元,教育费附加900元。

(9) 12日,用银行存款归还前欠立达工厂购物料款11 700元。

(10) 13日,销售给卫民工厂甲产品200件,单位售价200元,增值税计6 800元,款项已收存银行。

(11) 15日,用银行存款支付产品广告费180元。

(12) 18日,用现金支付办公用品费280元,其中生产车间80元,管理部门200元。

(13) 20日,生产甲产品领用A材料1 000千克,单价10元;生产车间领用B材料50千克,单价4元;管理部门领用C材料100千克,单价3元。

(14) 25日,用银行存款支付本月水电费30 000元。其中:生产车间22 000元,管理部门8 000元。

(15) 27日,销售给胜利工厂甲产品600件,单位销售200元,增值税计20 400元,款项已收存银行。

(16) 31日,结转本月应付职工工资50 000元。其中:生产甲产品工人工资30 000元,车间管理人员工资8 000元,企业管理人员工资12 000元。

(17) 31日,按工资总额的14%提取职工福利费7 000元。其中:生产甲产品工人4 200元,车间管理人员1 120元,企业管理人员1 680元。

(18) 31日,计提本月固定资产折旧2 000元。其中:生产车间1 400元,管理部门600元。

(19) 31日,预提本月应负担的短期借款利息250元。

(20) 31日,结转本月制造费用32 800元。

(21) 31日,本月生产的甲产品1 000件全部完工,结转生产成本135 000元。

(22) 31日,结转本月销售800件甲产品的成本108 000元。

(23) 31日,本月销售甲产品计算应交纳的城市维护建设税1 673元,教育费附加717元。

(24) 31日,结转本月主营业务收入160 000元。

(25) 31日,将本月主营业务成本108 000元、营业税金及附加2 390元、销售费用180元、管理费用22 970元、财务费用250元结转"本年利润"账户。

3. 根据以上经济业务填制记账凭证如表9-2至表9-37所示。

表9-2

收 款 凭 证

借方科目:库存现金

××××年		凭证号数	摘要	贷方科目	明细科目	金额
月	日					
1	4	现收1	报销退余款	其他应收款	李彬	10

收 款 凭 证

借方科目:银行存款

××××年		凭证号数	摘要	贷方科目	明细科目	金额
月	日					
1	1	银收1	某投资方投入资本	实收资本	国家资本	50 000
1	13	银收2	甲产品销售收入	主营业务收入应交税费	甲产品 应交增值税	40 000 6 800
1	27	银收3	甲产品销售收入	主营业务收入应交税费	甲产品 应交增值税	120 000 20 400

表9-3

付 款 凭 证

贷方科目:库存现金

××××年		凭证号数	摘要	借方科目	明细科目	金额
月	日					
1	5	现付1	发放工资	应付职工薪酬		50 000
1	18	现付2	支付办公费	制造费用 管理费用		80 200

付 款 凭 证

贷方科目:银行存款

××××年		凭证号数	摘要	借方科目	明细科目	金额
月	日					
1	5	银付1	提取现金	库存现金		50 000
1	8	银付2	支付购料款	在途物资 应交税费	A材料 应交增值税	20 000 3 298
1	9	银付3	归还短期借款	短期借款		30 000
1	10	银付4	上交税金及教育费附加	应交税费	应交城建税 应交教育费附加	2 100 900
1	12	银付5	归还前欠购料款	应付账款	立达工厂	11 700
1	15	银付6	支付产品广告费	销售费用		180
1	25	银付7	支付水电费	制造费用 管理费用		22 000 8 000

表 9-4　　　　　　　　　　　　　　　转 账 凭 证

××××年		凭证号数	摘　要	一级科目	明细科目	借方金额	贷方金额
月	日						
1	2	转1	生产资料	生产成本 原材料 原材料	甲产品 A材料 B材料	58 000	50 000 8 000
1	4	转2	报销差旅费	管理费用 其他应收款	李彬	190	190
1	20	转4	生产领用材料	生产成本 制造费用 管理费用 原材料 原材料 原材料	甲产品 A材料 B材料 C材料	10 000 200 300	10 000 200 300
1	31	转5	分配工资费用	生产成本 制造费用 管理费用 应付职工薪酬	甲产品	30 000 8 000 12 000	50 000
1	31	转6	提取福利费	生产成本 制造费用 管理费用 应付职工薪酬	甲产品	4 200 1 120 1 680	7 000
1	31	转7	计提折旧费	制造费用 管理费用 累计折旧		1 400 600	2 000
1	31	转8	预提借款利息	财务费用 应付利息		250	250
1	31	转9	结转制造费用	生产成本 制造费用	甲产品	32 800	32 800
1	31	转10	结转产品费用	库存商品 生产成本	甲产品 甲产品	135 000	135 000
1	31	转11	结转销售成本	主营业务成本 库存商品	甲产品	108 000	108 000
1	31	转12	计算应交税费及附加	营业税金及附加 应交税 	 应交城建税 应交教育费附加	2 390	1 673 717
1	31	转13	结转损益类收入账户余额	主营业务收入 本年利润	甲产品	160 000	160 000
1	31	转14	结转损益类收入账户余额	本年利润 主营业务成本 营业税金及附加 销售费用 管理费用 财务费用	甲产品	133 790	108 000 2 390 180 22 970 250

表9-5 现金日记账

××××年		凭证号数	摘要	对方科目	借方	贷方	借或贷	余额
月	日							
1	1		上年结转				借	900
	4	现收1	报销退余款	其他应收款	10		借	910
	5	银收1	提取现金	银行存款	50 000		借	50 910
	5	现付1	发放工资	应付职工薪酬		50 000	借	910
	18	现付1	支付办公费	管理费用		280	借	630
			本月合计		50 010	50 280	借	630

表9-6 银行存款日记账

××××年		凭证号数	摘要	对方科目	借方	贷方	借或贷	余额
月	日							
1	1		上年结转				借	125 000
	1	银收1	企业投资	实收资本	50 000		借	175 000
	5	银付1	提取现金	库存现金		50 000	借	125 000
	8	银付2	支付购料款	在途物资等		23 298	借	101 702
	9	银付3	归还借款	短期借款		30 000	借	71 702
	10	银付4	支付上月税费款	应交税费等		3 000	借	68 702
	12	银付5	偿还购料款	应付账款		11 700	借	57 002
	13	银付2	销售收入	主营业务收入等	46 800		借	103 802
	15	银付6	支付广告费	销售费用		180	借	103 622
	25	银付7	支付水电费	制造费用等		30 000	借	73 622
	27	银付3	销售收入	主营业务收入等	140 400		借	214 022
			本月合计		237 200	148 178	借	214 022

表9-7 库存现金(总账)

××××年		凭证号数	摘要	借方	贷方	借或贷	余额
月	日						
1	1		上年结转			借	900
	4	现收1	李彬退余款	10		借	910
	5	银付1	提取现金	50 000		借	50 910
	5	现付1	发放工资		50 000	借	910
	18	现付2	支付办公费		280	借	630
			本月合计	50 010	50 280	借	630

表 9-8　　　　　　　　　　　　　　　　　银行存款(总账)

××××年		凭证号数	摘要	借方	贷方	借或贷	余额
月	日						
1	1		上年结转			借	125 000
	1	银收1	企业投资	500		借	175 000
	5	银付1	提取现金		50 000	借	125 000
	8	银付2	支付购料款		23 298	借	101 702
	9	银付3	归还借款		30 000	借	71 702
	10	银付4	支付上月税费款		3 000	借	68 702
	12	银付5	偿还购料款		11 700	借	57 002
	13	银付2	销售收入	46 800		借	103 802
	15	银付6	支付广告费		180	借	103 622
	25	银付7	支付水电费		30 000	借	73 622
	27	银收3	销售收入	140 400		借	214 022
			本月合计	237 200	148 178	借	214 022

表 9-9　　　　　　　　　　　　　　　　　其他应收款(总账)

××××年		凭证号数	摘要	借方	贷方	借或贷	余额
月	日						
1	1		上年结转			借	200
	4	转1	报销差旅费		190	借	10
	4	现收1	李彬退余款		10	借	0
			本月合计		200	借	0

表 9-10　　　　　　　　　　　　　　　　　原材料(总账)

××××年		凭证号数	摘要	借方	贷方	借或贷	余额
月	日						
1	1		上年结转			借	86 900
	2	转1	生产领料		58 000	借	28 900
	8	转3	材料入库	20 000		借	48 900
	20	转4	生产领料		10 500	借	38 400
			本月合计	20 000	68 500	借	38 400

表 9-11　　　　　　　　　　　　生产成本(总账)

××××年		凭证号数	摘要	借方	贷方	借或贷	余额
月	日						
1	2	转1	生产领料	58 000		借	58 000
	20	转4	生产领料	10 000		借	68 000
	31	转5	分配工资费	30 000		借	98 000
	31	转6	提取福利费	4 200		借	102 200
	31	转9	转入制造费用	32 800		借	135 000
	31	转1	结转产品成本		135 000	平	0
			本月合计	135 000	135 000	平	0

表 9-12　　　　　　　　　　　　制造费用(总账)

××××年		凭证号数	摘要	借方	贷方	借或贷	余额
月	日						
1	18	现付2	支付办公费	80		借	80
	20	转4	车间领料	200		借	280
	25	银付7	支付水电费	22 000		借	22 280
	31	转5	分配工资费	8 000		借	30 280
	31	转6	提取福利费	1 120		借	31 400
	31	转7	计提折旧	1 400		借	32 800
	31	转9	转出制造费用		32 800	平	0
			本月合计	32 800	32 800	平	0

表 9-13　　　　　　　　　　　　库存商品(总账)

××××年		凭证号数	摘要	借方	贷方	借或贷	余额
月	日						
1	1		上年结转			借	27 000
	31	转10	完工入库	135 000		借	162 000
	31	转11	销售转出		108 000	借	54 000
			本月合计	135 000	108 000	借	54 000

表 9-14　　　　　　　　　　　　固定资产(总账)

××××年		凭证号数	摘要	借方	贷方	借或贷	余额
月	日						
1	1		上年转结			借	950 000

表 9-15　　　　　　　　　　　　　累计折旧(总账)

××××年		凭证号数	摘要	借方	贷方	借或贷	余额
月	日						
1	1		上年转结			贷	285 000
	31	转7	计提折旧		2 000	贷	287 000
			本月合计		2 000	贷	287 000

表 9-16　　　　　　　　　　　　　应付账款(总账)

××××年		凭证号数	摘要	借方	贷方	借或贷	余额
月	日						
1	1		上年转结			贷	11 700
	12	银付5	偿还欠款	11 700		平	0
			本月合计	11 700		平	0

表 9-17　　　　　　　　　　　　　应付利息(总账)

××××年		凭证号数	摘要	借方	贷方	借或贷	余额
月	日						
1	13	转8	预提借款利息		250	贷	250
			本月合计		250	贷	250

表 9-18　　　　　　　　　　　　　应付职工薪酬(总账)

××××年		凭证号数	摘要	借方	贷方	借或贷	余额
月	日						
1	5	现付1	发放工资	50 000		借	50 000
1	31	转5	分配工资费用		50 000	平	0
1	31	转6	计提福利费		7 000	贷	7 000
			本月合计	50 000	57 000	贷	7 000

表 9-19　　　　　　　　　　　　　短期借款(总账)

××××年		凭证号数	摘要	借方	贷方	借或贷	余额
月	日						
1	1		上年转结			贷	80 000
	9	银付3	归还借款	30 000		贷	50 000
			本月合计	30 000		贷	50 000

表9-20　　　　　　　　　　　　　　应交税费(总账)

××××年		凭证号数	摘要	借方	贷方	借或贷	余额
月	日						
1	1		上年转结			贷	3 000
	8	银付2	支付进项税额	3 298		借	298
	10	银付4	上交上月城建税和教育附加费	3 000		借	3 298
	13	银付2	收取销项税额		6 800	贷	3 502
	27	银付3	收取销项税额		20 400	贷	23 902
	31	转12	计算本月应交城建税和教育附加费		2 390	贷	26 292
			本月合计	6 298	29 590	贷	26 292

表9-21　　　　　　　　　　　　　　实收资本(总账)

××××年		凭证号数	摘要	借方	贷方	借或贷	余额
月	日						
1	1		上年结转			贷	600 000
	1	银收1	某投资方投入资本		5 000	贷	600 000
			本月合计		5 000	贷	650 000

表9-22　　　　　　　　　　　　　　资本公积(总账)

××××年		凭证号数	摘要	借方	贷方	借或贷	余额
月	日						
1	1		上年结转			贷	70 300
	1		本月合计			贷	70 300

表9-23　　　　　　　　　　　　　　盈余公积(总账)

××××年		凭证号数	摘要	借方	贷方	借或贷	余额
月	日						
1	1		上年结转			贷	120 000
			本月合计			贷	120 000

表9-24　　　　　　　　　　　　　　利润分配(总账)

××××年		凭证号数	摘要	借方	贷方	借或贷	余额
月	日						
1	1		上年结转			贷	20 000

表 9-25　　　　　　　　　　　　　　　　本年利润(总账)

××××年		凭证号数	摘　要	借方	贷方	借或贷	余额
月	日						
1	31	转 13	结转本月收入		160 000	贷	160 000
	31	转 14	结转本月费用	133 790		贷	26 210
			本月合计	1 337 900	160 000	贷	26 210

表 9-26　　　　　　　　　　　　　　　　主营业务收入(总账)

××××年		凭证号数	摘　要	借方	贷方	借或贷	余额
月	日						
1	13	银收 2	甲产品销售收入		40 000	贷	40 000
	27	银收 3	甲产品销售收入		120 000	贷	160 000
	31	银收 13	月末转出	160 000		平	0
			本月合计	160 000	160 000	平	0

表 9-27　　　　　　　　　　　　　　　　主营业务成本(总账)

××××年		凭证号数	摘　要	借方	贷方	借或贷	余额
月	日						
1	31	转 11	结转销售成本	108 000		借	108 000
	31	转 14	月末转出		108 000	平	0
			本月合计	108 000	108 000	平	0

表 9-28　　　　　　　　　　　　　　　　营业税金及附加(总账)

××××年		凭证号数	摘　要	借方	贷方	借或贷	余额
月	日						
1	31	转 12	结转销售税金及附加	2 390		借	2 390
	31	转 14	月末转出		2 390	平	0
			本月合计	2 390	2 390	平	0

表 9-29　　　　　　　　　　　　　　　　管理费用(总账)

××××年		凭证号数	摘　要	借方	贷方	借或贷	余额
月	日						
1	4	转 2	报销差旅费	190		借	190

(续表)

××××年		凭证号数	摘要	借方	贷方	借或贷	余额
月	日						
	18	现付2	支付办公费	200		借	390
	20	转4	领用材料	300		借	690
	25	银付7	支付水电费	8 000		借	8 690
	31	转5	分配工资费	12 000		借	20 690
	31	转6	计提福利费	1 680		借	22 370
	31	转7	计提折旧	600		借	22 970
	31	转14	月末转出		22 970	平	0
			本月合计	22 970	22 970	平	0

表9-30　　　　　　　　　　　　销售费用(总账)

××××年		凭证号数	摘要	借方	贷方	借或贷	余额
月	日						
1	15	银付6	支付广告费	180		借	180
	31	转14	月末转出		180	平	0
			本月合计	180	180	平	0

表9-31　　　　　　　　　　　　财务费用(总账)

××××年		凭证号数	摘要	借方	贷方	借或贷	余额
月	日						
1	31	转6	预提借款利息	250		借	250
	31	转14	月末转出		250	平	0
			本月合计	250	250	平	0

表9-32　　　　　　　　　　　　原材料明细分类账

材料名称：A材料　　　　　　　　　　　　　　　　　　　　　　　　　　　　计量单位：千克

××××年		凭证号数	摘要	收入			发出			结存		
月	日			数量	单价	金额	数量	单价	金额	数量	单价	金额
1	1	转1	上年结账							7 000	10	70 000
	2	转3	生产领用				5 000	10	50 000	2 000	10	20 000
	8	转4	购入	2 000	10	20 000				4 000	10	40 000
	20		生产领用				1 000	10	10 000	3 000	10	30 000
			本月合计	2 000		20 000	6 000		60 000	3 000	10	30 000

表 9-33　　　　　　　　　　　　原材料明细分类账
材料名称：B 材料　　　　　　　　　　　　　　　　　　　　　　　　　计量单位：千克

××××年		凭证号数	摘要	收入			发出			结存		
月	日			数量	单价	金额	数量	单价	金额	数量	单价	金额
1	1		上年结转							4 000	4	16 000
	2	转1	生产领用				2 000	4	8 000	2 000	4	8 000
	20	转4	车间领用				50	4	200	1 950	4	7 800
			本月合计				2 050		8 200	1 950	4	7 800

表 9-34　　　　　　　　　　　　原材料明细分类账
材料名称：C 材料　　　　　　　　　　　　　　　　　　　　　　　　　计量单位：千克

××××年		凭证号数	摘要	收入			发出			结存		
月	日			数量	单价	金额	数量	单价	金额	数量	单价	金额
1	1		上年结转							300	3	900
	20	转4	管理部门领用				100	3	300	200	3	600
			本月合计				100		300	200	3	600

表 9-35　　　　　　　　　　　　应付账款明细账
明细账户：立达工厂

××××年		凭证号数	摘要	借方	贷方	借或贷	余额
月	日						
1	1					贷	11 700
	12	银付5		11 700		平	0
					11 700	平	0

表 9-36　　　　　　　　原材料明细分类账户本期发生额及余额表

明细账户	期初余额	本期发生额		期末余额
		借方	贷方	
A 材料	70 000	20 000	60 000	30 000
B 材料	16 000		8 200	7 800
C 材料	900		300	600
合计	86 900	20 000	68 500	38 400

表 9-37　　　　　　　　　　总分类账户期末余额表

账户名称	借方余额	贷方余额
库存现金	630	
银行存款	214 022	
原材料	38 400	
库存商品	54 000	
固定资产	950 000	
累计折旧		287 000
应付利息		250
应付职工薪酬		7 000
短期借款		50 000
应交税费		26 292
实收资本		650 000
资本公积		70 300
盈余公积		120 000
利润分配		20 000
本年利润		26 210
合计	1 257 052	1 257 052

第三节　汇总记账凭证账务处理程序

一、汇总记账凭证的编制方法

汇总记账凭证是指对一段时期内同类记账凭证进行定期汇总而编制的记账凭证。汇总记账凭证可以分为汇总收款凭证、汇总付款凭证和汇总转账凭证，三种凭证有不同的编制方法。

1. 汇总收款凭证的编制

汇总收款凭证根据"库存现金"和"银行存款"账户的借方进行编制。汇总收款凭证是在对各账户对应的贷方分类之后，进行汇总编制。总分类账根据各汇总收款凭证的合计数进行登记，分别记入"库存现金"、"银行存款"总分类账户的借方，并将汇总收款凭证上各账户贷方的合计数分别记入有关总分类账户的贷方。

2. 汇总付款凭证的编制

汇总付款凭证根据"库存现金"和"银行存款"账户的贷方进行编制。汇总付款凭证是在对各账户对应的借方分类之后,进行汇总编制。总分类账根据各汇总付款凭证的合计数进行登记,分别记入"库存现金"、"银行存款"总分类账户的贷方,并将汇总付款凭证上各账户借方的合计数分别记入有关总分类账户的借方。

3. 汇总转账凭证的编制

汇总转账凭证通常根据所设置账户的贷方进行编制。汇总转账凭证是在对所设置账户相对应的借方账户分类之后,进行汇总编制。总分类账根据各汇总转账凭证的合计数进行登记,分别记入对应账户的总分类账户的贷方,并将汇总转账凭证上各账户借方的合计数分别记入有关总分类账户的借方。值得注意的是,在编制的过程中贷方账户必须唯一,借方账户可一个或多个,即转账凭证必须一借一贷或多借一贷。

如果在一个月内某一贷方账户的转账凭证不多,可不编制汇总转账凭证,直接根据单个的转账凭证登记总分类账。

二、一般步骤

(1) 根据原始凭证编制汇总原始凭证。

(2) 根据原始凭证或汇总原始凭证,编制记账凭证。

(3) 根据收款凭证、付款凭证逐笔登记现金日记账和银行存款日记账。

(4) 根据原始凭证、汇总原始凭证和记账凭证,登记各种明细分类账。

(5) 根据各种记账凭证编制有关汇总凭证。

(6) 根据各种汇总记账凭证登记总分类账。

(7) 期末,现金日记账、银行存款日记账和明细分类账的余额同有关总分类账的余额核对相符。

(8) 期末,根据总分类账和明细分类账的记录,编制会计报表。

汇总记账凭证账务处理程序如图 9-2 所示。

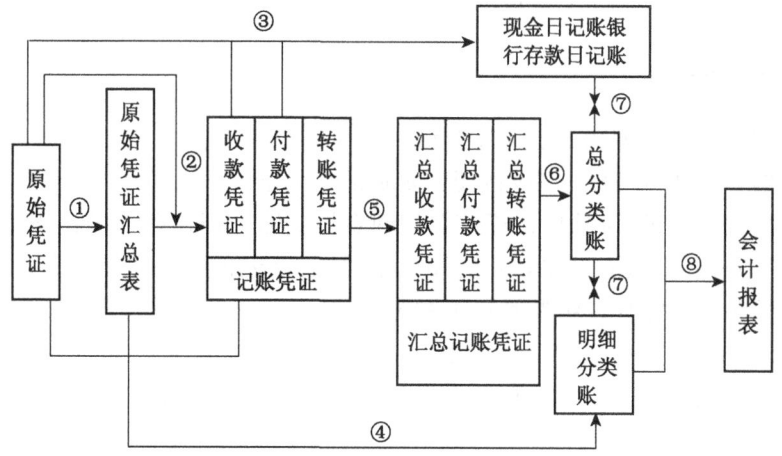

图 9-2 汇总记账凭证账务处理程序

三、汇总记账凭证账务处理程序的内容

（一）特点

汇总记账凭证账务处理程序是根据原始凭证或汇总原始凭证编制记账凭证，定期根据记账凭证分类编制汇总收款凭证、汇总付款凭证和汇总转账凭证，再根据汇总记账凭证登记总分类账的一种账务处理程序。其特点是：定期根据记账凭证分类编制汇总收款凭证、汇总付款凭证和汇总转账凭证，再根据汇总记账凭证登记总分类账。在这一程序中，除设置收款凭证、付款凭证、转账凭证外，还应设置汇总收款凭证、汇总付款凭证和汇总转账凭证，账簿的设置与记账凭证账务处理程序基本相同。

（二）优缺点

汇总记账凭证账务处理程序的优点是：减轻了登记总分类账的工作量，便于了解账户之间的对应关系。其缺点是：按每一贷方科目编制汇总转账凭证，不利于会计核算的日常分工，当转账凭证较多时，编制汇总转账凭证的工作量较大。

（三）适用范围

汇总记账凭证账务处理程序适用于规模较大、经济业务较多的单位。

第四节 科目汇总表账务处理程序

一、科目汇总表的编制方法

科目汇总表的编制方法是将一定时期内的全部收、付、转记账凭证（或通用记账凭证）汇总在一张科目汇总表上，据以登记总分类账。汇总的时间应根据业务量大小确定，一般以5天、10天或15天汇总一次。

二、一般步骤

(1) 根据原始凭证编制汇总原始凭证。

(2) 根据原始凭证或汇总原始凭证，编制记账凭证。

(3) 根据收款凭证、付款凭证逐笔登记现金日记账和银行存款日记账。

(4) 根据原始凭证、汇总原始凭证和记账凭证，登记各种明细分类账。

(5) 根据各种记账凭证编制科目汇总表。

(6) 根据科目汇总表登记总分类账。

(7) 期末，现金日记账、银行存款日记账和明细分类账的余额同有关总分类账的余额核对相符。

(8) 期末，根据总分类账和明细分类账的记录，编制会计报表。

科目汇总表账务处理程序如图9-3所示。

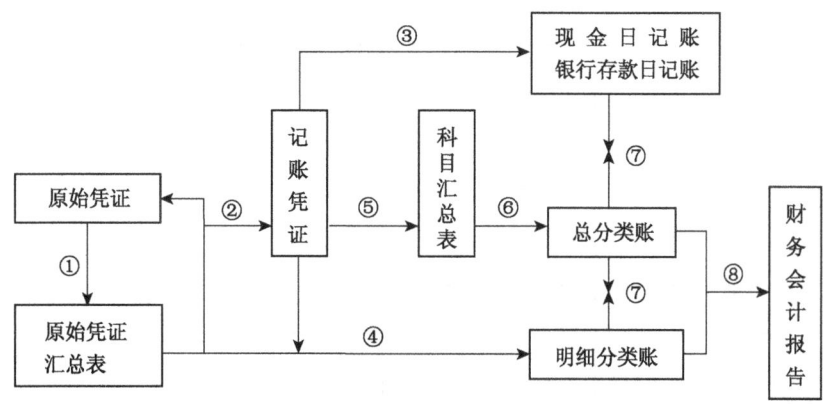

图 9-3 科目汇总表账务处理程序

三、科目汇总表账务处理程序的内容

1. 特点

科目汇总表账务处理程序又称记账凭证汇总表账务处理程序,它是根据记账凭证定期编制科目汇总表,再根据科目汇总表登记总分类账的一种账务处理程序。科目汇总表是根据记账凭证汇总而成的。其特点是编制科目汇总表并据以登记总分类账。其记账凭证、账簿的设置与记账凭证账务处理程序基本相同。

2. 优缺点

科目汇总表账务处理程序的优点是:可以简化总分类账的登记工作,减轻了登记总分类账的工作量,并可以做到试算平衡,简明易懂,方便易学。其缺点是:科目汇总表不能反映账户的对应关系,不便于查对账目。

3. 适用范围

科目汇总表账务处理程序通常适用于经济业务较多的单位。

四、科目汇总表账务处理程序案例

(一)全部汇总编制科目汇总表

现以上节案例中所填列的记账凭证为依据,采用汇总的方法,每半个月编制科目汇总表一次,如表 9-38、表 9-39 所示。

表 9-38　　　　　　　　　　　　科 目 汇 总 表
××××年1月1日至15日　　　　　　　　　汇字第1号

会计科目	账页	借方发生额	贷方发生额	记账凭证起讫号数
库存现金		50 010	50 000	
银行存款		96 800	118 178	略
其他应收款			200	
在途物资		20 000	20 000	

（续表）

会计科目	账页	借方发生额	贷方发生额	记账凭证起讫号数
原材料		20 000	58 000	
生产成本		58 000		
应付账款		11 700		
应付职工薪酬		50 000		
短期借款		30 000		
应交税费		6 298	6 800	略
实收资本			50 000	
主营业务收入		190	40 000	
管理费用		180		
合计		343 178	343 178	

表 9-39　　　　　　　　　　科 目 汇 总 表

××××年1月16日至31日　　　　　　　　　汇字第2号

会计科目	账页	借方发生额	贷方发生额	记账凭证起讫号数
库存现金			280	
银行存款		140 400	30 000	
原材料			10 500	
生产成本		77 000	135 000	
制造费用		32 800	32 800	
库存商品		135 000	108 000	
累计折旧			2 000	
应付利息			250	
应付职工薪酬			57 000	
应交税费			22 790	
主营业务收入		160 000	120 000	略
主营业务成本		108 000	108 000	
营业税金及附加		2 390	2 390	
管理费用		22 780	22 970	
销售费用			180	
财务费用		250	250	
本年利润		133 790	160 000	
合　计		812 410	812 410	

根据编制的科目汇总表分别登记总分类账(这里仅以银行存款和应交税费账户为例,其余从略),如表9-40、表9-41所示。

表9-40　　　　　　　　　　　　银行存款(总账)

××××年		凭证号数	摘　要	借方	贷方	借或贷	余额
月	日						
1	1		上年结转			借	125 000
	15	汇1	1~15日汇总过入	96 800	118 178	借	43 622
	31	汇2	16~31日汇总过入	140 400	30 000	借	214 022
			本月合计	237 200	148 178	借	214 022

表9-41　　　　　　　　　　　　应交税费(总账)

××××年		凭证号数	摘　要	借方	贷方	借或贷	余额
月	日						
1	1		上年结转			贷	3 000
	15	汇1	1~15日汇总过入	6 298	6 800	贷	3 502
	31	汇2	16~31日汇总过入		22 790	贷	26 292
			本月合计	6 298	29 590	贷	26 292

（二）分类汇总编制科目汇总表

仍以第二节案例记账凭证为依据,采用分类汇总的方法编制收款凭证汇总表、付款凭证汇总表和转账凭证汇总表,如表8-42至8-44所示。

表9-42　　　　　　　　　　　　收款凭证汇总表

会计科目	账页	借方发生额	贷方发生额	记账凭证起讫号数
库存现金		10		
银行存款		237 200		
其他应收款			10	
实收资本			50 000	略
主营业务收入			160 000	
应交税费			27 200	
合计		237 200	237 200	

表 9-43　　　　　　　　　　　　　付款凭证汇总表

会计科目	账页	借方发生额	贷方发生额	记账凭证起讫号数
库存现金		50 000	50 280	略
银行存款			148 178	
应付职工薪酬		50 000		
制造费用		22 080		
管理费用		8 200		
销售费用		180		
应付账款		11 700		
应交税费		6 298		
短期借款		30 000		
在途物资		20 000		
合计		198 458	198 458	

表 9-44　　　　　　　　　　　　　转账凭证汇总表

会计科目	账页	借方发生额	贷方发生额	记账凭证起讫号数
生产成本		135 000	135 000	略
原材料		20 000	68 500	
在途物资			20 000	
管理费用		14 770	22 970	
其他应收款			190	
制造费用		10 720	32 800	
销售费用			180	
库存商品		135 000	108 000	
主营业务成本		108 000	108 000	
营业税金及附加		2 390	2 390	
应交税费			2 390	
主营业务收入		160 000		
本年利润		133 790	160 000	
财务费用		250	250	
应付利息			250	
应付职工薪酬			57 000	
累计折旧			2 000	
合计		719 920	719 920	

根据分类编制的科目汇总表登记总分类账(仍以银行存款和应交税费账户为例,其余从略),如表9-45、表9-46所示。

表 9-45　　　　　　　　　　　　　银行存款(总账)

| ××××年 | | 凭证号数 | 摘　要 | 借方 | 贷方 | 借或贷 | 余额 |
月	日						
1	1		上年结转			借	125 000
	31	收汇 1	1~15日汇总过入	237 200		借	362 200
	31	付汇 2	16~31日汇总过入		148 178	借	214 022
			本月合计	237 200	148 178	借	214 022

表 9-46　　　　　　　　　　　　　应交税费(总账)

| ××××年 | | 凭证号数 | 摘　要 | 借方 | 贷方 | 借或贷 | 余额 |
月	日						
1			上年结转			贷	3 000
	15	收汇 1	1~31日汇总过入		27 200	贷	30 200
	31	付汇 2	16~31日汇总过入	6 298		贷	23 902
	31	转汇 1	1~31日汇总过入		2 390	贷	26 292
			本月合计	6 298	29 590	贷	26 292

复习思考题

1. 合理选择账务处理程序有什么意义?
2. 常用的账务处理程序有哪几种?
3. 汇总记账凭证和科目汇总表账务处理程序的基本特点和核算要求有什么区别?

第十章 财产清查

会计核算的任务之一就是保证企业资产的安全和完整,保证资产的账实相符。如何完成这项核算任务,主要通过财产清查这种会计核算专门方法得以实现。本章学习应主要掌握如何组织财产清查,并能根据财产清查结果进行相应的账务处理。

第一节 财产清查概述

一、财产清查的概念与意义

财产清查是指通过对货币资金、实物资产和往来款项的盘点或核对,确定其实存数,查明账存数与实存数是否相符的一种专门方法。

造成账实不符的原因是多方面的,如财产物资保管过程中发生的自然损耗;财产收发过程中由于计量或检验不准,造成多收或少收的差错;由于管理不善、制度不严造成的财产损坏、丢失、被盗;在账簿记录中发生的重记、漏记、错记;由于有关凭证未到,形成未达账项,造成结算双方账实不符;发生意外灾害等。造成账实不符的原因不同,其会计处理也不同。

加强财产清查工作,对于加强企业管理,充分发挥会计的监督作用具有重要的意义:

(1) 通过财产清查,做到账实相符,保证会计信息的真实性、可靠性,保护各项财产的安全完整。

(2) 通过财产清查,可以查明财产物资盘盈盘亏的原因,落实经济责任,从而完善企业管理制度,挖掘财产物资潜力,提高资金的使用效能,加速资金周转。

(3) 通过财产清查,可以发现问题,及时采取措施弥补经营管理中的漏洞,建立健全各项规章制度,提高企业的管理水平。

二、财产清查的种类

(一) 按财产清查的范围,分为全面清查和局部清查

1. 全面清查

它是指对全部财产进行盘点与核对。全面清查范围大、内容多、时间长、参与人员

多,需要进行全面清查的情况主要有:年终决算之前;单位撤销、合并或改变隶属关系前;中外合资、国内合资前;企业股份制改制前;开展全面的资产评估、清产核资前;单位主要领导调离工作前等。

2. 局部清查

它是指根据需要对部分财产物资进行盘点与核对。主要是对货币资金、存货等流动性较大的财产的清查。局部清查范围小、内容少、时间短、参与人员少,但专业性较强。局部清查一般包括下列清查的内容:现金应每日清点一次,银行存款每月至少同银行核对一次,债权、债务每年至少核对一至两次,各项存货应有计划、有重点地清查,贵重物品每月清查一次等。

(二)按财产清查的时间,分为定期清查和不定期清查

1. 定期清查

它是指根据计划安排的时间对财产物资所进行的清查。定期清查一般在期末进行,它可以是全面清查,也可以是局部清查。

2. 不定期清查

它是根据实际需要对财产物资所进行的临时性清查。不定期清查一般是局部清查,如改换财产物资保管人员进行有关财产物资的清查、发生意外灾害等非常损失进行的损失情况的清查、有关部门进行的临时性检查等。

企业在编制年度财务会计报告前,应当全面清查财产、核实债务。各单位应当定期将会计账簿记录与实物、款项及有关资料相互核对,保证会计账簿记录与实物及款项的实有数额相符。

(三)执照清查的执行系统分类

1. 内部清查

内部清查是指由本单位内部自行组织清查工作小组所进行的财产清查工作。大多数财产清查都是内部清查。

2. 外部清查

外部清查是指由上级主管部门、审计机关、司法部门、注册会计师根据国家有关规定或情况需要对本单位所进行的财产清查。一般来讲,进行外部清查时应有本单位相关人员参加。

三、财产清查的一般程序

(1)建立财产清查组织。

(2)组织清查人员学习有关政策规定,掌握有关法律,法规和相关业务知识,以提高财产清查工作的质量。

(3)确定清查对象、范围,明确清查任务。

(4)制定清查方案,具体安排清查内容、时间、步骤、方法,以及必要的清查前准备。

(5)清查时本着先清查数量、核对有关账簿记录等,后认定质量的原则进行。

(6)填制盘存清单。

(7)据盘存清单,填制实物、往来账项清查结果报告表。

第二节 财产清查的方法

为了实施财产清查工作,应组成由会计部门牵头的清查小组,制定好清查计划,准备好计量器具和各项登记表格等。会计人员要做好账簿登记工作,做到账账相符、账证相符,财产物资保管部门要做好财产物资的入账工作,整理、排放好各项财产物资,准备接受清查。不同的财产物资,其清查方法也有所不同。

一、货币资金清查的方法

（一）库存现金的清查

现金清查的主要方法是通过盘点库存现金的实存数,然后再与现金日记账的账面余额相核对,确定账存与实存是否相等以及盈亏情况。现金清查主要包括两种情况:一是由出纳人员每日清点库存现金实有数,并与现金日记账结余额相核对,这是出纳人员所做的经常性的现金清查工作。这种清查方法比较省时、省力,但只采用这种清查方法不够严密,容易出漏洞。因此,在实际工作中,除了由出纳人员对现金进行经常性清查以外,还应该由清查小组对库存现金进行定期或不定期清查。清查时,出纳人员必须在场,现金由出纳人员经手盘点,清查人员从旁监督。同时,清查人员还应该认真审核现金收付凭证和有关账簿,检查账务处理是否合理合法,账簿记录有无错误,以确定账存与实存是否相符等。

通过现金清查,既要检查账证是否客观、真实,是否符合各项有关规定,又要检查账实是否相符。现金清查结果后应填写"库存现金盘点报告表"(如表10-1所示),并据以调整现金日记账的账面记录。

表10-1　　　　　　　　库存现金盘点报告表
　　　　　　　　　　　　　年　月　日

实存金额	账存金额	对比结果		备注
		溢余	短缺	

负责人签章：　　　　　　盘点人签章：　　　　　　出纳员签章：

（二）银行存款的清查

银行存款清查是通过与开户银行转来的对账单进行核对,来查明银行存款的实有数额。银行存款日记账与开户银行转来的对账单不一致的原因有两个方面:一是双方或一方记账有错误;二是存在未达账项。

清查时,要将企业的银行存款日记账与银行定期送来的对账单进行逐笔核对,以查明账实是否相符。如果在核对中发现属于企业方面的记账差错,经确定后企业应立即更正;属于银行方面的记账差错,则应通知银行更正。即使双方均无记账错误,企业的银行存款日记账余额与银行对账单余额也往往不一致,这种不一致一般是由于未达账项造成的。所谓未达账项,是指企业与银行之间,由于凭证传递上的时间差,一方已登记入账,而另一方因尚未接到凭证因而未登记入账的款项。具体地说,未达账项大致有下列4种情况:

(1) 企业已收,银行未收;即企业已收款入账,银行尚未收款入账。

(2) 企业已付,银行未付;即企业已付款入账,银行尚未付款入账。

(3) 银行已收,企业未收;即银行已收款入账,企业尚未收款入账。

(4) 银行已付,企业未付;即银行已付款入账,企业尚未付款入账。

上述任何一种情况的发生,都会造成企业的银行存款日记账的余额与银行对账单的余额不相符。其中在(1)、(4)两种情况下,会使企业账面的存款余额大于银行对账单的余额;而在(2)、(3)两种情况下,又会使企业账面余额小于银行对账单的余额。因此,在清查银行存款时,如出现未达账项,应通过编制银行存款余额调节表进行调整。调节表的编制方法一般是在企业与银行双方的账面余额基础上,各自加上对方已收而本单位未收的款项,减去对方已付而本单位未付的款项。经过调节后,双方的余额应相互一致。下面举例说明银行存款余额调节表的格式和编制方法。

【例10-1】××××年6月30日银行存款日记账余额为413 280元,银行对账单余额为418 900元。经逐笔核对,双方记账均无差错,但发现有下列未达账项:

(1) 6月28日,企业收到转账支票一张,计46 800元,企业已作存款收入入账,但尚未到银行办理入账手续,银行尚未入账。

(2) 6月29日,企业开出转账支票一张,计70 200元,用于支付供货单位账款,企业已作存款付出入账,但支票尚未到达银行,银行尚未入账。

(3) 6月30日,银行计算应付给企业存款利息800元,银行已登记入账,作为企业存款的增加,而企业未收到收款通知,尚未入账。

(4) 6月30日,银行代企业付水电费18 580元,银行已登记入账,作为企业存款的减少,而企业尚未收到付款通知,尚未入账。

根据以上未达账项,编制银行存款余额调节表如表10-2所示。

表10-2 银 行 存 款 余 额 调 节 表

××××年6月30日 单位:元

项 目	金 额	项 目	金 额
企业银行存款日记账余额	413 280	银行对账单余额	418 900
加:银行已收,企业未收 3. 银行存款利息	800	加:企业已收,银行未收 1. 企业收到转账支票	46 800
减:银行已付,企业未付 4. 银行代付的水电费	18 580	减:企业已付,银行未付 2. 企业开出转账支票	70 200
调节后存款余额	395 500	调节后存款余额	395 500

银行存款余额调节表的编制方法,是双方在账面余额的基础上各自补记对方已记

账、本单位未记账的金额(包括增加金额和减少金额),经过调节以后的双方账面余额,应该相等,说明双方记账均无错误。根据双方账面余额和未达账项调节后的余额,是企业实际可使用的存款数额。

需要说明的是,银行存款双方余额调节相符后,对未达账项一般不作账务处理,对银行已入账而企业未入账和各项经济业务,不能根据银行存款余额调节表来编制会计分录,作为记账依据,而必须在收到银行转来的有关原始凭证后方可入账。因此,银行存款余额调节表只是为核对银行存款余额而编制的一个工作底稿,不能作为实际记账的凭据。它只是及时查明本企业和银行双方账目记载有无差错的一种清查方法。对长期存在的未达账项,应查明原因及时处理。

二、实物资产的清查方法

由于实物的形态、体积、重量、码放方式等不同,采用的清查方法也不同。主要有以下两种。

1. 实地盘点法

实地盘点法是指在财产物资存在现场逐一清点数量或用计量仪器确定其存在的一种方法。此方法数字准确可靠,但工作量较大。

2. 技术推算法

技术推算法是指利用技术方法推算财产物实存数的方法。适用于煤炭、砂石等大宗物资清查。此方法盘点数字不够准确,但工作量较小。

对各项财产物资的盘点结果,应逐一填制盘存单,并同账面余额和未达账项调节后的余额记录核对,确认盘盈盘亏数,填制实存账存对比表,作为调整账面记录的原始凭证。盘存单及实存账存对比表的格式参见表 10-3、表 10-4 所示。

表 10-3　　　　　　　　　　　盘　存　单

单位名称　　　　　　　存放地点　　　　　　　编号
财产类别　　　　　　　盘点时间　　　　　　　金额单位:元

序号	名称	规格	计量单位	盘点数量	单价	金额	备注

盘点人签章　　　　　　　　　　　　　　　　保管人签章

表 10-4　　　　　　　　　　实　存　账　存　对　比　表

单位名称　　　　　　　　　年　　月　　日　　　　　　金额单位:元

序号	名称	规格	计量单位	单价	实存		财存		盘盈		盘亏		备注
					数量	金额	数量	金额	数量	金额	数量	金额	

盘点人签章　　　　　　　　　　　　　　　　会计签章

根据清查的结果,调整有关账面记录。盘盈时,批准处理前借记有关盘盈财产科目,贷记"待处理财产损溢"科目;批准处理后借记"待处理财产损溢"科目,贷记"管理费用"、

"营业外收入"等科目。盘亏时,批准处理前借记"待处理财产损溢"科目,贷记有关盘亏财产科目;批准处理后借记"管理费用"、"营业外支出"等科目,贷记"待处理财产损溢"科目。

三、往来款项的清查方法

往来款项主要包括应收款、应付款、暂收款等款项。往来款项的清查一般采用发函询证的方法进行核对。具体步骤为:

(1) 将本单位的往来账款核对清楚,确认总分类账与明细分类账的余额相等,各明细分类账的余额相符。

(2) 在保证往来账户记录完整正确的基础上,编制"往来款项对账单",寄往各有关往来单位。"往来款项对账单"的格式一般为一式两联,其中一联作为回单,对方单位核对后退回,盖章表示核对相符,如不相符由对方单位另外说明。其格式见表10-5所示。

表 10-5　　　　　　　　　　函　证　信

××单位:

本公司与贵单位的业务往来款项有下列各项目,为了清查账目,特函请查证,是否相符,请在回执联中注明后盖章寄回。此致敬礼。

往来结算款项对账单

单位:_____	地址:_____		编号:_____
会计科目名称	截止日期	经济事项摘要	账面余额

(3) 收到上述回单后,应据此编制"往来款项清查单"(见表10-6),注明核对相符与不相符的款项,对不符的款项按有争议、未达账项、无法收回等情况归类合并,针对具体情况及时采取措施予以解决。

表 10-6　　　　　　　　　往　来　款　项　清　查　表

总分类账户名称　　　　　　　20××年×月×日

明细分类账户		清查结果		核对不符原因分析			备注
名称	账面余额	核对相符金额	核对不相符金额	未达账项金额	有争议款项金额	其他	

第三节　财产清查结果的处理

一、财产清查结果处理的要求

对财产清查的结果,应以国家的有关法规、制度为依据,严肃认真地处理。具体要求如下。

1. 分析产生差异的原因和性质，提出处理建议

对于财产清查所发现的盘盈、盘亏，应及时查明原因，明确经济责任，并依据有关规定进行处理。对于一些合理的物资损耗等，只要在规定的损耗标准和范围内，会计人员可按照规定及时作出处理；对于超出规定职权范围的，会计人员无权自行处理，应及时报请单位负责人作出处理。一般来说，个人造成的损失，应由个人赔偿；因管理不善原因造成的损失，应作为企业管理费用入账；因自然灾害造成的非常损失，列入企业的营业外支出。

2. 积极处理多余积压财产，清理往来款项

对于财产清查中发现的多余、积压物资，应分别不同情况处理。属于盲目采购或者盲目生产等原因造成的积压，一方面积极利用或者改造出售，另一方面要停止采购或生产。

3. 总结经验教训，建立健全各项管理制度

财产清查后，要针对存在的问题和不足，总结经验教训，采取必要的措施，建立健全财产管理制度，进一步提高财产管理水平。

4. 及时调整账簿记录，保证账实相符

对于财产清查中发现的盘盈或盘亏，应及时调整账面记录，以保证账实相符。要根据清查中取得的原始凭证编制记账凭证，登记有关账簿，使各种财产物资的账存数与实存数相一致，同时反映待处理财产损溢的发生。

二、财产清查结果处理的步骤与方法

对于财产清查结果的处理可分为以下两种情况。

1. 审批之前的处理

根据"清查结果报告表"、"盘点报告表"等已经查实的数据资料，填制记账凭证，记入有关账簿，使账簿记录与实际盘存数相符，同时根据权限，将处理建议报股东大会或董事会，或经理（厂长）会议或类似机构批准。

2. 审批之后的处理

企业清查的各种财产的损溢，应于期末前查明原因，并根据企业的管理权限，经股东大会或董事会，或经理（厂长）会议或类似机构批准后，在期末结账前处理完毕。企业应严格按照有关部门对财产清查结果提出的处理意见进行账务处理，填制有关记账凭证，登记有关账簿，并追回由于责任者原因造成的财产损失。

企业清查的各种财产的损溢，如果在期末结账前尚未经批准，在对外提供财务报表时，先按上述规定进行处理，并在附注中作出说明；其后批准处理的金额与已处理金额不一致的，调整财务报表相关项目的年初数。

三、财产清查结果的账务处理

（一）设置"待处理财产损溢"账户

为了反映和监督企业在财产清查过程中查明的各种财产物资的盘盈、盘亏、毁损及

其处理情况,应设置"待处理财产损溢"账户(但固定资产盘盈和毁损分别通过"以前年度损益调整"、"固定资产清理"账户核算)。该账户属于双重性质的资产类账户,下设"待处理流动资产损溢"和"待处理非流动资产损溢"两个明细分类账户进行明细分类核算。

该账户的借方登记财产物资的盘亏数、毁损数和批准转销的财产物资盘盈数;贷方登记财产物资的盘盈数和批准转销的财产物资盘亏及毁损数。企业清查的各种财产的盘盈、盘亏和毁损应在期末结账前处理完毕,所以"待处理财产损溢"账户在期末结账后没有余额。"待处理财产损溢"账户的基本结构如表10-7所示。

1. 审批之前的处理

对于财产清查中发现盘盈、盘亏,在报经有关领导审批之前,应基于客观性原则,根据"清查结果报告表"、"盘点报告表"等已经查实的数据资料,编制记账凭证,记入有关账簿,使账簿记录与实际盘存数相符,同时根据企业管理权限,将处理建议报股东大会或董事会,或经理(厂长)会议或类似机构处理。

表10-7　　　　　　　　　　　　待 处 理 财 产 损 溢

借方	贷方
待处理财产盘亏数 根据批准的处理意见处理财产盘盈数	待处理财产盘盈数 根据批准的处理意见处理财产盘亏数

2. 审批之后的处理

经批准后根据差异发生的原因和批准处理意见,将处理结果编制会计分录,并据以登记有关账簿,进行差异处理,调整账项。

(二)库存现金清查结果的账务处理

1. 库存现金盘盈的账务处理

库存现金盘盈时,应及时办理库存现金的入账手续,调整库存现金账簿记录,即按盘盈的金额借记"库存现金"科目,贷记"待处理财产损溢——待处理流动资产损溢"科目。

对于盘盈的库存现金,应及时查明原因,按管理权限报经批准后,按盘盈的金额借记"待处理财产损溢——待处理流动资产损溢"科目,按需要支付或退还他人的金额贷记"其他应付款"科目,按无法查明原因的金额贷记"营业外收入"科目。

【例10-2】某企业在财产清查中,发现现金溢余420元,无法查明溢余原因。

① 在报经批准前,根据"现金盘点报告表"确定的现金盘盈数,编制会计分录如下:

借:库存现金　　　　　　　　　　　　　　　　　　　　　　　420
　　贷:待处理财产损溢——待处理流动资产损溢　　　　　　　　　420

② 在批准后,根据批准处理意见,转销现金盘盈的会计分录如下:

借:待处理财产损溢——待处理流动资产损溢　　　　　　　　　420
　　贷:营业外收入　　　　　　　　　　　　　　　　　　　　　420

2. 库存现金盘亏的账务处理

库存现金盘亏时,应及时办理盘亏的确认手续,调整库存现金账簿记录,即按盘亏的金额借记"待处理财产损溢——待处理流动资产损溢"科目,贷记"库存现金"科目。

对于盘亏的库存现金,应及时查明原因,按管理权限报经批准后,按可收回的保险赔偿和过失人赔偿的金额借记"其他应收款"科目,按管理不善等原因造成净损失的金额借记"管理费用"科目,按自然灾害等原因造成净损失的金额借记"营业外支出"科目,按原记入"待处理财产损溢——待处理流动资产损溢"科目借方的金额贷记本科目。

【例 10-3】 某企业在财产清查中,盘亏现金 900 元,其中 500 元应由出纳员赔偿,另外 400 元无法查明原因。

① 在报经批准前,根据"现金盘点报告表"确定的现金盘亏数,编制会计分录如下:

借:待处理财产损溢——待处理流动资产损溢　　　　　　900
　　贷:库存现金　　　　　　　　　　　　　　　　　　　900

② 在批准后,根据批准处理意见,转销现金盘亏的会计分录如下:

借:其他应收款　　　　　　　　　　　　　　　　　　　500
　　管理费用　　　　　　　　　　　　　　　　　　　　400
　　贷:待处理财产损溢——待处理流动资产损溢　　　　　900

(三) 存货清查结果的账务处理

1. 存货盘盈的账务处理

存货盘盈时,应及时办理存货入账手续,调整存货账簿的实存数。盘盈的存货应按其重置成本作为入账价值借记"原材料"、"库存商品"等科目,贷记"待处理财产损溢——待处理流动资产损溢"科目。

对于盘盈的存货,应及时查明原因,按管理权限报经批准后,冲减管理费用,即按其入账价值,借记"待处理财产损溢——待处理流动资产损溢"科目,贷记"管理费用"科目。

【例 10-4】 某企业在财产清查中,盘盈某种材料一批,价值 8 000 元。

① 在报经批准前,根据"账存实存对比表"确定的材料盘盈数,编制会计分录如下:

借:原材料　　　　　　　　　　　　　　　　　　　　8 000
　　贷:待处理财产损溢——待处理流动资产损溢　　　　8 000

② 在批准后,根据批准处理意见,转销材料盘盈的会计分录如下:

借:待处理财产损溢——待处理流动资产损溢　　　　　8 000
　　贷:管理费用　　　　　　　　　　　　　　　　　　8 000

2. 存货盘亏的账务处理

存货盘亏时,应按盘亏的金额借记"待处理财产损溢——待处理流动资产损溢"科目,贷记"原材料"、"库存商品"等科目。材料、产成品、商品采用计划成本(或售价)核算的,还应同时结转成本差异(或商品进销差价)。涉及增值税的,还应进行相应处理。

对于盘亏的存货,应及时查明原因,按管理权限报经批准后,按可收回的保险赔偿和过失人赔偿的金额借记"其他应收款"科目,按管理不善等原因造成净损失的金额借记"管理费用"科目,按自然灾害等原因造成净损失的金额借记"营业外支出"科目,按原记入"待处理财产损溢——待处理流动资产损溢"科目借方的金额贷记本科目。

【例 10-5】 某企业在财产清查中,盘亏材料 50 000 元,其中 35 000 元属于非常损失,15 000 元属于自然损耗。(暂不考虑税金问题)

① 在报经批准前,根据"账存实存对比表"确定的材料盘亏数,编制会计分录如下:

借:待处理财产损溢——待处理流动资产损溢　　　　　　　　50 000
　　贷:原材料　　　　　　　　　　　　　　　　　　　　　　50 000

② 在批准后,根据批准处理意见,转销材料盘亏的会计分录如下:

借:管理费用　　　　　　　　　　　　　　　　　　　　　　35 000
　　营业外支出　　　　　　　　　　　　　　　　　　　　　15 000
　　贷:待处理财产损溢——待处理流动资产损溢　　　　　　50 000

(四)固定资产清查结果的账务处理

1. 固定资产盘盈的账务处理

企业在财产清查过程中盘盈的固定资产,经查明确属企业所有,按管理权限报经批准后,应根据盘存凭证填制固定资产交接凭证,经有关人员签字后送交企业会计部门,填写固定资产卡片账,并作为前期差错处理,通过"以前年度损益调整"科目核算。盘盈的固定资产通常按其重置成本作为入账价值借记"固定资产"科目,贷记"以前年度损益调整"科目。涉及增值税、所得税和盈余公积的,还应按相关规定处理。

【例 10-6】 某企业在财产清查中,发现账外设备一台,估计原价为 20 000 元,八成新。

① 盘盈时,根据"财存实存对比表"确定的固定盘盈数,编制会计分录如下:

借:固定资产　　　　　　　　　　　　　　　　　　　　　　16 000
　　贷:以前年度损益调整　　　　　　　　　　　　　　　　16 000

② 经审核此项盘盈应调整所得税费用 4 000 元时编制会计分录如下:

借:以前年度损益调整　　　　　　　　　　　　　　　　　　4 000
　　贷:应交税费——应交所得税　　　　　　　　　　　　　4 000

③ 余额进行留存收益的结转时编制会计分录如下:

借:以前年度损益调整　　　　　　　　　　　　　　　　　　12 000
　　贷:盈余公积——法定盈余公积　　　　　　　　　　　　1 200
　　　　利润分配——未分配利润　　　　　　　　　　　　　10 800

2. 固定资产盘亏的账务处理

固定资产盘亏时,应及时办理固定资产注销手续,按盘亏固定资产的账面价值,借记"待处理财产损溢——待处理非流动资产损溢"科目,按已提折旧额,借记"累计折旧"科目,按其原价,贷记"固定资产"科目。涉及增值税和递延所得税的,还应按相关规定处理。

对于盘亏的固定资产,应及时查明原因,按管理权限报经批准后,按过失人及保险公司应赔偿额,借记"其他应收款"科目,按盘亏固定资产的原价扣除累计折旧和过失人及保险公司赔偿后的差额,借记"营业外支出"科目,按盘亏固定资产的账面价值,贷记"待处理财产损溢——待处理非流动资产损溢"科目。

【例10-7】 某企业在财产清查中,发现短缺设备一台,账面原价80 000元,已提折旧30 000元。

① 在报经批准前,根据"账存实存对比表"确定的固定资产盘亏数,编制会计分录如下:

借:待处理财产损溢——待处理固定资产损溢　　　　　　50 000
　　累计折旧　　　　　　　　　　　　　　　　　　　　30 000
　贷:固定资产　　　　　　　　　　　　　　　　　　　　　　　　80 000

② 在批准后,根据批准处理意见,转销固定资产盘亏的会计分录如下:

借:营业外支出——盘亏损失　　　　　　　　　　　　　50 000
　贷:待处理财产损溢——待处理固定资产损溢　　　　　　　　　　50 000

(五)结算往来款项盘存的账务处理

在财产清查过程中发现的长期未结算的往来款项,应及时清查。对于经查明确实无法支付的应付款项可按规定程序报经批准后,转作营业外收入。

对于无法收回的应收款项则作为坏账损失冲减坏账准备。坏账是指企业无法收回或收回的可能性极小的应收款项。由于发生坏账而产生的损失,称为坏账损失。

企业通常应将符合下列条件之一的应收款项确认为坏账:①债务人死亡,以其遗产清偿后仍然无法收回;②债务人破产,以其破产财产清偿后仍然无法收回;③债务人较长时间内未履行其偿债义务,并有足够的证据表明无法收回或者收回的可能性极小。

企业对有确凿证据表明确实无法收回的应收款项,经批准后作为坏账损失。

对于已确认为坏账的应收款项,并不意味着企业放弃了追索权,一旦重新收回,应及时入账。

复习思考题

1. 为什么要进行财产清查?
2. 比较说明实地盘存制和永续盘存制的区别和应用?为什么实行永续盘存制的企业到年底还要进行财产盘点?
3. 财产清点前要做好哪些准备工作?
4. 实物清查有哪几种盘点方式?实物负责人为什么要在场?
5. 什么是未达账项?哪些情况会发生未达账项?
6. 财产清查结果如有盘盈或盘亏在账务上应如何处理?

第十一章 财务报表

编制账务会计报告是会计核算最后一种专门方法,是一定期间其他各种会计核算专门方法运用的最终成果,是会计核算工作的最终产物,是对外进行会计信息披露的主要形式。通过学习,要求掌握资产负债表和利润表的编制方法。

第一节 财务会计报告概述

一、财务会计报告的概念与分类

(一)财务报表的概念

财务报表是对企业财务状况、经营成果和现金流量的结构性表述。

财务报表至少应当包括下列组成部分:①资产负债表;②利润表;③现金流量表;④所有者权益变动表;⑤附注。财务报表上述组成部分具有同等的重要程度。

(二)财务报表的分类

财务报表可以按其编报期间不同分为中期财务报表和年度财务报表;按其编报主体不同分为个别财务报表和合并财务报表。

二、财务报表编制的基本要求

1. **以持续经营为基础编制**

企业应当以持续经营为基础,根据实际发生的交易和事项,按照《企业会计准则——基本准则》和其他各项会计准则的规定进行确认和计量,在此基础上编制财务报表。以持续经营为基础编制财务报表不再合理的,企业应当采用其他基础编制财务报表,并在附注中声明财务报表未以持续经营为基础编制的事实、披露未以持续经营为基础编制的原因和财务报表的编制基础。

2. **按正确的会计基础编制**

除现金流量表按照收付实现制原则编制外,企业应当按照权责发生制原则编制财务报表。

3. **至少按年编制财务报表**

企业至少应当按年编制财务报表。年度财务报表涵盖的期间短于一年的,应当披露年度财务报表的涵盖期间、短于一年的原因以及报表数据不具可比性的事实。

4. 项目列报遵守重要性原则

重要性,是指在合理预期下,财务报表某项目的省略或错报会影响使用者据此作出经济决策的,该项目具有重要性。

重要性应当根据企业所处的具体环境,从项目的性质和金额两方面予以判断,且对各项目重要性的判断标准一经确定,不得随意变更。判断项目性质的重要性,应当考虑该项目在性质上是否属于企业日常活动、是否显著影响企业的财务状况、经营成果和现金流量等因素;判断项目金额大小的重要性,应当考虑该项目金额占资产总额、负债总额、所有者权益总额、营业收入总额、营业成本总额、净利润、综合收益总额等直接相关项目金额的比重或所属报表单列项目金额的比重。

性质或功能不同的项目,应当在财务报表中单独列报,但不具有重要性的项目除外。

性质或功能类似的项目,其所属类别具有重要性的,应当按其类别在财务报表中单独列报。

某些项目的重要性程度不足以在资产负债表、利润表、现金流量表或所有者权益变动表中单独列示,但对附注却具有重要性,则应当在附注中单独披露。

《企业会计准则第30号——财务报表列报》规定在财务报表中单独列报的项目,应当单独列报。其他会计准则规定单独列报的项目,应当增加单独列报项目。

5. 保持各个会计期间财务报表项目列报的一致性

财务报表项目的列报应当在各个会计期间保持一致,除会计准则要求改变财务报表项目的列报或企业经营业务的性质发生重大变化后,变更财务报表项目的列报能够提供更可靠、更相关的会计信息外,不得随意变更。

6. 各项目之间的金额不得相互抵销

财务报表中的资产项目和负债项目的金额、收入项目和费用项目的金额、直接计入当期利润的利得项目和损失项目的金额不得相互抵销,但其他会计准则另有规定的除外。

一组类似交易形成的利得和损失应当以净额列示,但具有重要性的除外。

资产或负债项目按扣除备抵项目后的净额列示,不属于抵销。

非日常活动产生的利得和损失,以同一交易形成的收益扣减相关费用后的净额列示更能反映交易实质的,不属于抵销。

7. 至少应当提供所有列报项目上一个可比会计期间的比较数据

当期财务报表的列报,至少应当提供所有列报项目上一个可比会计期间的比较数据,以及与理解当期财务报表相关的说明,但其他会计准则另有规定的除外。

财务报表的列报项目发生变更的,应当至少对可比期间的数据按照当期的列报要求进行调整,并在附注中披露调整的原因和性质,以及调整的各项目金额。对可比数据进行调整不切实可行的,应当在附注中披露不能调整的原因。

8. 应当在财务报表的显著位置披露编报企业的名称等重要信息

企业应当在财务报表的显著位置(如表首)至少披露下列各项:①编报企业的名称;

②资产负债表日或财务报表涵盖的会计期间;③人民币金额单位;④财务报表是合并财务报表的,应当予以标明。

三、财务报表编制前的准备工作

为了确保会计信息资料的可靠性,提高报表数据的相关性,财务会计报告编制必须做好编表前的各项准备工作。

（一）对账

对账是为保证账簿记录正确性而对账簿记录进行的核对工作。

会计核算要求账簿登记清晰、准确,但在实际工作中,由于种种原因,账目难免会出现错漏。因此,需要经常进行对账,即将会计账簿记录的有关数字与账证数据、库存实物、货币资金、有价证券、往来单位或个人的有关记录等进行相互核对,保证账证相符、账账相符、账实相符。根据有关制度规定,各单位的对账工作每年至少进行一次。

1. 账证核对

账证核对是将账簿记录同会计凭证相核对,以保证账证相符。

账证核对要将总账与汇总记账凭证或记账凭证相核对,将日记账、明细分类账与记账凭证或原始凭证相核对。核对的内容主要有账簿记录的经济业务的时间、凭证字号、内容、记账方向和金额等是否与作为记账依据的会计凭证完全一致。

2. 账账核对

账账核对是将不同账簿进行相互核对,以保证账账相符。账账核对包括:

（1）总分类账中各账户的本期借方发生额合计数和贷方发生额合计数,期末借方余额合计数和贷方余额合计数,应分别核对相符,以检查总分类账户的过账是否正确。

（2）现金、银行存款日记账和各种明细分类账中的本期发生额合计数以及期末余额合计数,应分别与有关总分类账户的相应数字核对相符,以检查两者的登记是否正确。

（3）会计部门各种财产物资明细分类账的收发结存数量记录,应与财产物资保管部门和使用部门的有关明细账的相应数量记录核对相符,以检查双方的登记是否正确。

3. 账实核对

账实核对即各种财产物资的账面余额与实存数额相核对。这种核对工作又称财产清查,主要包括:

（1）现金日记账的账面余额同实际库存数额应核对相符。

（2）银行存款日记账的账面余额应与银行对账单核对相符。

（3）财产物资明细分类账的结存数量应与实存数量核对相符。

（4）各种债权债务明细分类账的余额,应与相应的债务人债权人的相应记录核对相符。

（二）结账

结账就是将一定时期内所发生的经济业务在全部登记入账的基础上,按照规定的方法对该期内的账簿记录进行小结,结算出本期发生额合计和余额,并将其余额结转下期或者转入新账,以便根据账簿记录编制会计报表。

为了正确反映一定时期内或特定日期在账簿记录中反映的经济业务,总结有关经济业务活动和财务状况,按照有关制度的规定,各单位必须在一定期间的期末进行结账,不得为赶编会计报表而提前结账,更不得先编制会计报表后结账。年度结账日为公历年度每年的12月31日;半年度、季度、月度结账日分别为公历年度每半年、每季、每月的最后一天。

1. 结账前需做好的几项工作

(1) 在结账前,应将当期所发生的经济业务全部登记入账,检查是否有重复记录、遗漏记录的经济业务,是否有记录错误,检查时尤应注意有无将当期经济业务推移至下期入账或将下期经济业务提前至当期入账的情况,以便在结账前及时更正。

(2) 在结账前,应确认和计量报表要素,及时调整需期末调整的账项,编制有关调整账项的会计分录并据以登记入账。

(3) 在结账前,应认真核对和及时清理往来账目,妥善处理应收、应付及暂收、暂付款项的清偿事宜,力争减少呆账和坏账损失的发生。

在确认当期发生的经济业务、调整账项及有关转账业务全部登记入账后,可办理结账手续。结计总分类账、现金日记账、银行存款日记账、明细分类账各账户的当期发生额、余额及累计额,并结转下期账簿记录。

2. 结账的种类

按结账期间的不同,结账分为月结、季结和年结。

1) 月结。

月结是月终计算账户的该月发生额合计并结计月终余额的结账工作。

月结时,在应结账账户最后一笔记录下划一条通栏单红线;在红线下边空行的"摘要"栏内注明"月结"或"本月合计"字样,并于有关栏目反映发生额合计数和月末余额数;在月结记录下再划一条通栏单红线。本月没有发生额的账户,不必进行月结。

2) 季结。

季结是季终计算账户的该季发生额合计并结计季终余额的结账工作。

季结时,在季终月"月结"行下的"摘要"栏内注明"季结"或"本季合计"字样,并在相关栏目反映发生额合计数和季终余额数;在季结记录下再划一条通栏单红线。

3) 年结。

年结是年终时计算账户的该年发生额合计并结计年终余额的结账工作。

年结时,在第四季度"季结"下一行的"摘要"栏内注明"年结"或"本年合计"字样,并在相关栏目内反映发生额合计数和年终余额数,然后在"年结"下面划通栏双红线,以示年终封账。

3. 结账的方法

无论月结、季结和年结,结账时,应当根据不同的账户记录,分别采用不同的方法:

(1) 对不需要按月结计本期发生额的账户,如各项应收、应付款明细账和各项财产物资明细账等,每次记账以后,都要随时结出余额,每月最后一笔余额即为月末余额。也就是说,月末余额就是本月最后一笔经济业务记录的同一行内的余额。月末结账时,只需要在最后一笔经济业务记录之下通栏划红单线,不需要再结计一次余额。划线的目的,是为了突出有关数字,表示本期的会计记录已经截止或者结束,并将本期与下期的记录明显分开。

(2) 现金、银行存款日记账和需要按月结计发生额的收入、费用等明细账,每月结账时,要在最后一笔经济业务记录下面通栏划单红线,结出本月发生额和余额,在摘要栏内注明"本月合计"字样,在下面再通栏划单红线。需要结计本月发生额的账户,如果本月只发生一笔经济业务,结账时,只要在此行记录下划一单红线,表示与下月的发生额分开就可以了,不需另结出"本月合计"数。

(3) 需要结计本年累计发生额的某些明细账户,如主营业务收入、成本明细账等,每月结账时,应在"本月合计"行下结出自年初起至本月末止的累计数额,登记在月份发生额下面,不必再写余额,在摘要栏内注明"本年累计"字样,并在下面再通栏划单红线。12月的"本年累计"就是全年累计发生额,全年累计发生额下通栏划双红线。

(4) 总账账户平时只需结出月末余额。年终结账时,为了总括反映本年全年各项资产、负债及所有者权益增减变动的全貌,核对账目,要将所有总账账户结出全年发生额和年末余额,在摘要栏内注明"本年合计"字样,并在合计数下通栏划双红线。采用棋盘式总账和科目汇总表代总账的单位,年终结账,应当汇编一张全年合计的账户汇总表和棋盘式总账。

4. 结账时应注意的问题

(1) 年度终了结账时,有余额的账户,要将其余额结转下年。结转的方法是,将有余额的账户的余额直接记入新账余额栏内,不需要编制记账凭证,也不必将余额再记入本年账户的借方或贷方,使本年有余额的账户余额变为零。

(2) 对于新的会计年度建账问题,一般来说,总账、日记账和多数明细账应每年更换一次。但有些财产物资明细账和债权债务明细账,由于材料品种、规格和往来单位较多,更换新账的工作量较大,因此,可以跨年度使用,不必每年度更换一次。各种备查簿也可以连续使用。

第二节 资产负债表

一、资产负债表的概念及作用

资产负债表是反映企业某一特定日期(月末、季末、年末)财务状况的会计报表。它全面反映该日期企业的资产、负债和所有者权益的数额及其构成,通过年末数和年初数的变化,反映各个项目的增减变动情况。

资产负债表的作用主要有:①可以提供某一日期资产的总额及其结构,表明企业拥有或控制的资源及其分布情况;②可以提供某一日期的负债总额及其结构,表明企业未来需要用多少资产或劳务清偿债务以及清偿时间;③可以反映所有者所拥有的权益,据以判断资本保值、增值的情况以及对负债的保障程度。

二、资产负债表的列示要求

(一)资产负债表列报总体要求

1. 分类别列报

资产负债表应当按照资产、负债和所有者权益三大类别分类列报。

2. 资产和负债按流动性列报

资产和负债应当按照流动性分别分为流动资产和非流动资产、流动负债和非流动负债列示。

3. 列报相关的合计、总计项目

资产负债表中的资产类至少应当列示流动资产和非流动资产的合计项目;负债类至少应当列示流动负债、非流动负债以及负债的合计项目;所有者权益类应当列示所有者权益的合计项目。

资产负债表应当分别列示资产总计项目和负债与所有者权益之和的总计项目,并且这二者的金额应当相等。

(二)资产的列报

资产负债表中的资产类至少应当单独列示反映下列信息的项目:①货币资金;②以公允价值计量且其变动计入当期损益的金融资产;③应收款项;④预付款项;⑤存货;⑥被划分为持有待售的非流动资产及被划分为持有待售的处置组中的资产;⑦可供出售金融资产;⑧持有至到期投资;⑨长期股权投资;⑩投资性房地产;⑪固定资产;⑫生物资产;⑬无形资产;⑭递延所得税资产。

(三)负债的列报

资产负债表中的负债类至少应当单独列示反映下列信息的项目:①短期借款;②以公允价值计量且其变动计入当期损益的金融负债;③应付款项;④预收款项;⑤应付职工薪酬;⑥应交税费;⑦被划分为持有待售的处置组中的负债;⑧长期借款;⑨应付债券;⑩长期应付款;⑪预计负债;⑫递延所得税负债。

(四)所有者权益的列报

资产负债表中的所有者权益类至少应当单独列示反映下列信息的项目:①实收资本(或股本);②资本公积;③盈余公积;④未分配利润。

三、我国企业资产负债表的一般格式

在我国,资产负债表采用账户式的格式,即左侧列示资产,右侧列示负债和所有者权益。资产负债表由表头和表体两部分组成。表头部分应列明报表名称、编表单位名称、资产负债表日和人民币金额单位;表体部分反映资产、负债和所有者权益的内容。其中,表体部分是资产负债表的主体和核心,各项资产、负债和所有者权益按流动性排列,所有者权益项目按稳定性排列。

资产负债表的格式如表11-1所示。

表 11-1　　　　　　　　　　　　　资产负债表

会企 01 表
编制单位：　　　　　　　　　　　　年　月　日　　　　　　　　　　　　单位：元

资　产	期末余额	年初余额	负债和所有者权益（或股东权益）	期末余额	年初余额
流动资产：			流动负债：		
货币资金			短期借款		
交易性金融资产			交易性金融负债		
应收票据			应付票据		
应收账款			应付账款		
预付款项			预收款项		
应收利息			应付职工薪酬		
应收股利			应交税费		
其他应收款			应付利息		
存货			应付股利		
一年内到期的非流动资产			其他应付款		
其他流动资产			一年内到期的非流动负债		
流动资产合计			其他流动负债		
非流动资产：			流动负债合计		
可供出售金融资产			非流动负债：		
持有至到期投资			长期借款		
长期应收款			应付债券		
长期股权投资			长期应付款		
投资性房地产			专项应付款		
固定资产			预计负债		
在建工程			递延所得税负债		
工程物资			非流动负债合计		
固定资产清理			其他非流动负债		
生产性生物资产			负债合计		
油气资产			所有者权益：		
无形资产			实收资本（或股本）		
开发支出			资本公积		
商誉			减：库存股		
长摊待摊费用			盈余公积		
递延所得税资产			未分配利润		
其他非流动资产			所有者权益（股东权益）合计		
非流动资产合计					
资产总计			负债和所有者（或股东权益）总计		

四、资产负债表编制的基本方法

资产负债表应于报告期末定期编制。具体编制方法如下：

1. "期末余额"栏的填列方法

资产负债表"期末余额"栏内各项数字，一般应根据资产、负债和所有者权益类科目的期末余额填列，具体方法如下：①根据一个或几个总账科目的余额填列，如：交易性金融资产、应收票据、应收股利、应收利息、工程物资、固定资产清理、递延所得税资产、短期借款、应付票据、应付股利、应付职工薪酬、应交税费、其他应付款、递延所得税款负债、实收资本（或股本）、资本公积、盈余公积、货币资金、存货等；②根据明细账科目的余额计算填列，如应收账款、应付账款、预付款项、预收款项；③根据总账科目和明细账科目的余额分析计算填列，如：长期股权投资、持有至到期投资、长期待摊费用、长期借款、应付债券、长期应付款、专项应付款等；④根据有关科目余额减去其备抵科目余额后的净额填列，如：固定资产、在建工程、无形资产、其他应收款等；⑤综合运用上述填列方法分析填列，如：未分配利润、一年内到期的非流动资产、一年内到期的非流动负债等。

2. "年初余额"栏的填列方法

资产负债表"年初余额"内各项数字，应根据上年末资产负债表的"期末余额"栏内所列数字填列。如果本年度资产负债表规定的各个项目的名称和内容同上年度不相一致，应对上年年末资产负债表各项目的名称和数字按照本年度的规定进行调整，填入本表"年初余额"栏内。

五、资产负债表编制案例

【例 11-1】 新瀛公司 20××年 12 月 31 日的账户余额如表 11-2 所示，借方余额和贷方余额栏所填列的数字，表示了所属明细账相应方向余额的合计数。

表 11-2　　　　　　　　　　　新瀛公司账户余额

20××年 12 月 31 日　　　　　　　　　　　　　　　　单位：元

账　户	借方余额	贷方余额
库存现金	5 000	
银行存款	22 300	
长期股权投资	100 000（其中 10 000 元 1 年以内到期）	
应收账款	80 000	5 000
坏账准备		4 200
原材料	125 000	
低值易耗品	10 300	
生产成本	25 000	
固定资产	650 000	

(续表)

账 户	借方余额	贷方余额
累计折旧		71 200
短期借款		75 000
应付账款	2 000	87 000
应付利息		87 200
长期借款		130 000(其中8 000元1年以内到期)
实收资本		400 000
资本公积		45 000
盈余公积		35 000
利润分配——未分配利润		80 000
合计	1 019 600	1 019 600

根据上述资料编制的资产负债表如11-3所示。

表 11-3　　　　　　　　　　资产负债表

编制单位：新瀛公司　　　　200×年12月31日　　　　　　　　　　单位：元

资　产	期末余额	负债和所有者权益	期末余额
流动资产：		流动负债：	
货币资产	27 300	短期借款	75 000
应收账款	75 800	应付账款	87 000
预付款项	2 000	预收款项	5 000
存货	106 300	应付利息	87 200
一年内到期的长期投资	10 000	一年内到期的长期负债	8 000
流动资产合计	275 400	流动负债合计	255 200
非流动资产		长期借款	122 000
长期股权投资	90 000	负债合计	377 200
固定资产	578 800	所有者权益：	
非流动资产合计	668 800	实收资本	600 000
		资本公积	45 000
		盈余公积	35 000
		未分配利润	80 000
		所有者权益合计	580 000
资产总计	944 200	负债和所有者权益总计	944 200

各相关项目填列说明：

(1) 短期借款、实收资本、资本公积、盈余公积和未分配利润项目直接根据总账或明细账的期末余额填列。

(2) 货币资产 27 300 元，等于库存现金 5 000 元加上银行存款 22 300 元。

(3) 应收账款 75 800 元，等于所属明细账户的借方余额合计 80 000 元扣除坏账准备 4 200 元。

(4) 预付款项 2 000 元，等于应付账款所属明细账户借方余额合计 2 000 元。

(5) 存货 106 300 元，等于原材料余额 125 000 元、低值易耗品余额 103 00 元和生产成本余额 25 000 元之和。

(6) 长期股权投资 90 000 元，等于期末余额 100 000 元扣除一年内到期的长期投资 10 000 元。

(7) 固定资产 578 800 元，等于固定资产账户 650 000 元减累计折旧 71 200 元。

(8) 应付账款 87 000 元，等于应付账款所属明细账户贷方余额合计 87 000 元。

(9) 预收款项 5 000 元，等于应收账款所属明细账户贷方余额合计 5 000 元。

(10) 应付利息 87 200 元，等于应付利息账户贷方余额合计 87 200 元。

(11) 长期借款 122 000 元，等于期末余额 130 000 元扣除一年以内到期的 8 000元。

第三节 利 润 表

一、利润表的概念与作用

利润表是反映企业一定期间生产经营成果的财务报表。利润表就是把一定期间的营业收入与同一会计期间相关的成本、费用进行配比，以计算出企业一定时期实现的净利润或发生的亏损。

利润表的作用主要有：①反映一定会计期间收入的实现情况；②反映一定会计期间的费用耗费情况；③反映企业经济活动成果的实现情况，据以判断资本保值增值等情况。

二、利润表的列示要求

利润表列示的基本要求如下：

(1) 企业在利润表中应当对费用按照功能分类，分为从事经营业务发生的成本、管理费用、销售费用和财务费用等。

(2) 利润表至少应当单独列示反映下列信息的项目，但其他会计准则另有规定的除外：①营业收入；②营业成本；③营业税金及附加；④管理费用；⑤销售费用；⑥财务费用；⑦投资收益；⑧公允价值变动损益；⑨资产减值损失；⑩非流动资产处置损益；⑪所得税费用；⑫净利润；⑬其他综合收益各项目分别扣除所得税影响后的净额；⑭综合收益总额。金融企业可以根据其特殊性列示利润表项目。

（3）其他综合收益项目应当根据其他相关会计准则的规定，分为以后会计期间不能重分类进损益的其他综合收益项目，和以后会计期间在满足规定条件时将重分类进损益的其他综合收益项目两类列报。

（4）在合并利润表中，企业应当在净利润项目之下单独列示归属于母公司所有者的损益和归属于少数股东的损益，在综合收益总额项目之下单独列示归属于母公司所有者的综合收益总额和归属于少数股东的综合收益总额。

三、我国企业利润表的一般格式

利润表的格式一般分为单步骤式利润表和多步骤式利润表。

单步骤式利润表将全部收入与全部费用分别合计，然后两者相抵减计算净利润额。多步骤式利润表依据利润构成因素，将收入与相关成本、费用、支出在表中分别对应列示，相互配比，计算出相关的利润指标，从而最后计算出当期净利润。我国当前所采用的是多步骤式利润表，其具体格式如表 11-4 所示。

表 11-4　　　　　　　　　　　　　利　润　表　　　　　　　　　　　　会企 02 表
编制单位：_____　　　　　　　　　　××××年×月　　　　　　　　　　单位：__元

项　　目	本期金额	上期金额
一、营业收入		
减：营业成本		
营业税金及附加		
销售费用		
管理费用		
财务费用		
资产减值损失		
加：公允价值变动收益（损失以"－"号填列）		
投资净收益（净损失以"－"号填列）		
二、营业利润（亏损以"－"号填列）		
加：营业外收入		
减：营业外支出		
其中：非流动资产处置损失		
三、利润总额（亏损总额以"－"号填列）		
减：所得税费用		
四、净利润（净亏损以"－"号填列）		

1. "本期金额"栏的填列方法

"本期金额"栏根据"主营业务收入"、"主营业务成本"、"营业税金及附加"、"销售费用"、"管理费用"、"财务费用"、"资产减值损失"、"公允价值变动损益"、"投资收益"、"营业外收入"、"营业外支出"、"所得税费用"等科目的发生额分析填列。其中,"营业利润"、"利润总额"、"净利润"等项目根据该表中相关项目计算填列。

2. "上期金额"栏的填列方法

"上期金额"栏应根据上年该期利润表"本期金额"栏内所列数字填列。如果上年该期利润表规定的各个项目的名称和内容同本期不一致,应对上年该期利润表各项目的名称和数字按本期的规定进行调整,填入利润表"上期金额"栏内。

四、利润表的编制

下面举例说明利润表的编制。

【例11-2】 某公司20××年损益类账户"本年累计数"金额如表11-5所示。

表11-5　　　　　　　　　　损益类账户本年累计数

单位:元

账户名称	借方发生额	贷方发生额
营业收入		1 250 000
营业成本	750 000	
营业税金及附加	2 000	
销售费用	20 000	
管理费用	158 000	
财务费用	41 500	
投资收益		31 500
营业外收入		50 000(全部为处置固定资产收益)
营业外支出	49 700(其中30 000为固定资产减值损失)	
所得税费用	102 399	

根据上述资料,编制该公司20××年度利润表如表11-6所示。

表11-6　　　　　　　　　　利　润　表　　　　　　　　　　会企02表

编制单位:某公司　　　　　　20××年12月　　　　　　　　单位:　元

项　目	行次	本年金额	上年金额
一、营业收入		1 250 000	
减:营业成本		750 000	
营业税金及附加		2 000	
销售费用		20 000	

(续表)

项　目	行次	本年金额	上年金额
管理费用		158 000	
财务费用		41 500	
资产减值损失			
加：公允价值变动收益(损失以"－"号填列)			
投资收益(损失以"－"号填列)		31 500	
二、营业利润(亏损以"－"号填列)		310 000	
加：营业外收入		50 000	
减：营业外支出		49 700	
其中：非流动资产处置损失		30 000	
三、利润总额(亏损总额以"－"号填列)		310 300	
减：所得税费用		102 399	
四、净利润(净亏损以"－"号填列)		207 901	

第四节　现金流量表

一、现金流量表的概念和意义

现金流量表是反映企业在一定会计期间现金和现金等价物流入和流出的报表。其中，现金是指企业的库存现金、可以随时用于支付的存款；现金等价物是指企业持有的期限短(一般指从购买日起，3个月内到期)、流动性强、易于转换为已知金额现金、价值变动风险很小的投资。除特别指明外，以下所指的现金均含现金等价物。

现金是企业经营中非常重要的一项资产，企业销售商品、提供劳务、出售固定资产、向银行借款等会形成企业的现金流入，而购买原材料、接受劳务、购建固定资产、对外投资、偿还债务等会形成现金流出。如果企业的现金流入与现金流出之间不平衡，会出现现金的不足，影响企业经营活动的连续性，严重的甚至会导致企业清算，因此，了解企业现金的增减变动情况和结果及其产生的原因是非常重要的。

现金流量表从经营活动、投资活动和筹资活动三方面反映企业一定会计期间内现金的流入、流出情况以及现金总额的增减变动情况。会计信息使用者通过对现金流量表的分析，可以评价企业产生未来现金流量的能力、企业偿还债务的能力、支付投资利润的能力和全面了解分析判断企业财务状况。

二、现金流量表的内容和结构

现金流量表列报现金流量的内容分为三部分。

1. 经营活动产生的现金流量

经营活动是指企业除投资活动和筹资活动以外的所有交易和事项,包括销售商品或提供劳务、购买商品或接受劳务、收到返还的税费、经营性租赁、支付工资、支付广告费用、交纳各项税款等。

2. 投资活动产生的现金流量

投资活动是指企业长期资产的购建和不包括在现金等价物范围内的投资及其处置活动。现金流量表中的"投资"既包括对外投资,又包括长期资产的购建与处理。投资活动包括取得和收回投资、购建和处置固定资产、购买和处置无形资产等。

3. 筹资活动产生的现金流量

筹资活动是指导致企业资本即债务规模和构成发生变化的活动。筹资活动包括发行股票或接受投入资本、分派现金股利、取得和偿还银行借款、发行和偿还公司债券等。

现金流量表的结构由表头、正表和补充资料构成,如表11-7所示。

(1) 表头说明现金流量表的名称、会计主体的名称、会计期间及货币单位。

(2) 正表主要列报经营活动、投资活动和筹资活动所产生的现金的增减变动额以及汇率变动对现金的影响额。

(3) 补充资料说明在间接法下如何将净利润调整为经营活动现金流量。

表 11-7　　　　　　　　　　现金流量表(一般企业)　　　　　　　　会企03表

编制单位:_____　　　　　　　_____年度　　　　　　　　　单位:元

项　　目	本期金额	上期金额
一、经营活动产生的现金流量:		
销售商品、提供劳务收到的现金		
收到的税费返还		
收到其他与经营活动有关的现金		
经营活动现金流入小计		
购买商品、接受劳务支付的现金		
支付给职工以及为职工支付的现金		
支付的各项税费		
支付其他与经营活动有关的现金		
经营活动现金流出小计		
经营活动产生的现金流量净额		
二、投资活动产生的现金流量:		
收回投资收到的现金		

(续表)

项　　目	本期金额	上期金额
取得投资收益收到的现金		
处置固定资产、无形资产和其他长期资产收回的现金净额		
处置子公司以及其他营业单位收到的现金净额		
收到与其他投资活动有关的现金		
投资活动现金流入小计		
购建固定资产、无形资产与其他长期资产支付的现金		
投资支付的现金		
支付其他与投资活动有关的现金		
投资活动现金流出小计		
投资活动产生的现金流量净额		
三、筹资活动产生的现金流量：		
吸收投资收到的现金		
借款收到的现金		
收到其他与筹资有关的现金		
筹资活动现金流入小计		
偿还债务支付的现金		
分配股利、利润或偿付利息支付的现金		
支付其他与筹资活动有关的现金		
筹资活动现金流出小计		
筹资活动产生的现金流量净额		
四、汇率变动对现金及现金等价物的影响额		
五、现金及现金等价物净增加额		
加：期初现金及现金等价物余额		
六、期末现金及现金等价物余额		

三、现金流量表填列方法

直接法是指通过现金收入和现金支出的主要类别直接反映来自企业经营活动的现金流量的一种列报方法。现金流量一般应按现金流入和现金流出总额反映，但代客户收取或支付的现金以及周转快、金额大、期限短的项目的现金收入和支出，应以净额反映。采用这种方法列报经营活动的现金流量时，一般以利润表中的本期营业收入为起点，调整与经营活动有关项目的增减变动，然后计算出经营活动现金流量。

间接法是指以本期净利润为起点，通过调整不涉及现金的收入、费用、营业外收支以及经营性应收应付等项目的增减变动，调整不属于经营活动的现金收支项目，据此计算并列示经营活动的现金流量的一种方法。

现金流量表中各项目的数额必须利用利润表、资产负债表期初和期末的比较,以及其他重要的企业经济活动数据资料分析填列。由于本表的编制工作量较大,本章只就某些具体的项目进行说明。

例如,"销售商品、提供劳务收到的现金"项目在企业本期销售收入全部属于现销和没有预收账款,且年初无应收账款和应收票据的情况下,本年的销售收入净额就是销售商品或提供劳务所取得的全部现金收入。但是,在企业有赊销业务和预收账款的情况下,两者则可能出现差异,这两者的差异会通过"应收账款"、"应收票据"和"预收账款"账户余额的变动反映出来:

(1)"应收账款"账户的年末余额大于年初余额时,即本年度应收账款增加,说明当年的赊销金额大于收回的应收账款金额,所以应从销售收入中减去应收账款的增加数,以确定销售商品所取得的现金收入;相反,"应收账款"账户的年末余额小于年初余额时,即本年度应收账款减少,说明当年的赊销金额小于收回的应收账款金额,所以应在销售收入中加上应收账款的减少数,以确定销售商品所取得的现金收入。当然,如果非销售及收款因素引起应收账款增减变动的应在分析调整时剔除。

(2)"应收票据"账户与"应收账款"账户的调整相同。

(3)"预收账款"账户的年末余额大于年初余额时,即本年度预收账款增加,说明当年的预收金额大于应收回的金额,所以应在销售收入中加上预收账款的增加数,以确定销售商品所取得现金收入;相反,"预收账款"的年末余额小于年初余额时,即本年度预收账款减少,说明当年的预收金额小于应收取的金额,所以应从销售收入中减去预收账款的减少数,以确定销售商品所取得的现金收入。

因此,销售商品、提供劳务收到的现金,调整后的计算公式可以为:

$$\text{销售商品、提供劳务收到的现金} = \text{含税商品销售收入、劳务收入} + \text{应收账款减少数} - \text{应收账款增加数} + \text{应收票据减少数} - \text{应收票据增加数} + \text{预收账款增加数} - \text{预收账款减少数}$$

某公司20××年的含税营业收入为3 510 000元,应收账款年初数189 000元,年末数86 040元(其中本年核销坏账2 000元)、应收票据和预收账款年初年末数不变。则某公司"销售商品、提供劳务收到的现金"为3 612 000元(=3 510 000+104 000−2 000)。

四、现金流量表的编制方法

在具体编制现金流量表时,企业可根据业务量的大小及复杂程度,采用工作底稿法、T形账户法,或直接根据有关账户的记录分析填列。

1. 工作底稿法

工作底稿法是以工作底稿为手段,以利润表和资产负债表为基础,结合有关账户的记录,对现金流量表的每一项目进行分析并编制调整分录,从而编制出现金流量表的一种方法。

采用工作底稿法编制现金流量表的具体步骤是:

第一步,将资产负债表的期初数和期末数过入工作底稿的期初数和期末数栏。

第二步,对当期业务进行分析并编制调整分录。调整分录大体有这样几类:第一类涉及利润表中的收入、成本和费用项目以及资产负债表中的资产、负债及所有者权益项目,通过调整,将权责发生制下的收入、费用转换为现金基础;第二类是涉及资产负债表和现金流量表中的投资、筹资项目,反映投资和筹资活动的现金流量;第三类是涉及利润表和现金流量表中的投资和筹资项目,目的是将利润表中有关投资和筹资方面的收入和费用列入现金流量表投资、筹资现金流量中去。此外,还有一些调整分录并不涉及现金收支,只是为了核对资产负债表项目的期末数变动。

在调整分录中,有关现金和现金等价物的事项,并不直接借记或贷记现金,而是分别记入"经营活动产生的现金流量"、"投资活动产生的现金流量"、"筹资活动产生的现金流量"有关项目,借记表明现金流入,贷记表明现金流出。

第三步,将调整分录过入工作底稿中的相应部分。

第四步,核对调整分录,借贷合计应当相等,资产负债表项目期初数加减调整分录中的借贷金额以后,应当等于期末数。

第五步,根据工作底稿中的现金流量表项目部分编制正式的现金流量表。

2. T形账户法

T形账户法是以利润表和资产负债表为基础,结合有关账户的记录,对现金流量表的每一项目进行分析并编制调整分录,通过"T形账户"编制出现金流量表的一种方法。

采用T形账户法编制现金流量表的具体步骤是:

第一步,为所有的非现金项目(包括资产负债表项目和利润表项目)分别开设T形账户,并将各自的期末期初变动数过入各该账户。

第二步,开设一个大的"现金及现金等价物"T形账户。每边分为经营活动、投资活动和筹资活动三个部分,左边记现金流入,右边记现金流出。与其他账户一样,过入期初、期末变动数。

第三步,以利润表项目为基础,结合资产负债表分析每一个非现金项目的增减变动,并据此编制调整分录。

第四步,将调整分录过入各T形账户,并进行核对,该账户借贷相抵后的余额与原先过入的期末、期初变动数应当一致。

第五步,根据大的"现金及现金等价物"T形账户编制正式的现金流量表。

3. 分析填列法

分析填列法是直接根据资产负债表、利润表和有关会计账户明细账的记录,分析计算出现金流量表各项目的金额,并据以编制现金流量表的一种方法。

第五节 会计报表附注

一、会计报表附注的作用

会计报表中所规定的内容具有一定的固定性和稳定性,只能提供定量的财务信息,其所能反映的财务信息受到一定限制。会计报表附注是会计报表的补充，主要是对会计报表不能包括的内容，或者披露不详尽的内容作进一步的解释说明。

企业编制会计报表附注，可以提高会计信息的可比性、增进会计信息的可理解性、促使会计信息充分披露，从而提高会计信息的质量，使报表使用者对企业的财务状况、经营成果和现金流动情况获得更充分的了解，并有利于报表使用者作出正确的决策。

二、会计报表附注的内容

附注一般应当按照下列顺序披露：

(1) 财务报表的编制基础。

(2) 遵循企业会计准则的声明。

(3) 重要会计政策的说明，包括财务报表项目的计量基础和会计政策的确定依据等。

(4) 重要会计估计的说明，包括下一会计期间内很可能导致资产和负债账面价值重大调整的会计估计的确定依据等。

(5) 会计政策和会计估计变更以及差错更正的说明。

(6) 对已在资产负债表、利润表、所有者权益变动表和现金流量表中列示的重要项目的进一步说明，包括终止经营税后利润的金额及其构成情况等。

(7) 或有和承诺事项、资产负债表日后非调整事项、关联方关系及其交易等需要说明的事项。

(8) 企业应当在附注中披露在资产负债表日后、财务报表批准报出日前提议或宣布发放的股利总额和每股股利金额(或分配给投资者的利润总额)。

(9) 下列各项没有在与财务报表一起公布的其他信息中披露的，企业应当在附注中披露：①企业注册地、组织形式和总部地址；②企业的业务性质和主要经营活动；③母公司以及集团最终母公司的名称。

第六节 财务报表分析

一、财务报表分析的意义

财务报表分析是以企业基本活动为对象、以财务报表为主要信息来源、以分析和综合为主要方法的系统分析和评价企业的过去和现在的财务状况、经营成果及其变动，其目的是了解过去、评价现在和预测未来，以帮助报表使用人改善决策。

财务报表分析的对象是企业的各项基本活动。财务报表分析就是从报表中获取符合报表使用人分析目的的信息，认识企业活动的特点，评价其业绩，发现其问题。企业编制财务会计报告的目的，就在于提供有关企业财务状况、经营成果及现金流量方面的信息，以便信息使用者对企业作出正确的判断和决策。

二、财务状况分析评价指标及计算

为了强调所提供的数据应该具有可比性和相关性,以及评价企业的状况,会计报表分析运用了各种各样的方法,最主要的方法是比率分析法和因素分析法。这里只介绍经常应用的比率分析法。

比率分析法是指在同一报表的不同项目之间,或在不同报表的有关项目之间进行对比,从而计算出各种不同经济含义的比率,据以进行评价、判断的一种方法。根据比率的性质和其在会计报表分析与评价中的作用,一般将常用的财务比率指标分为三大类:偿债能力比率、营运能力比率和盈利能力比率。

例如,A公司的资产负债表如表11-8所示,利润表如表11-9所示。

表 11-8　　　　　　　　　　　　　资 产 负 债 表

编制单位:A公司　　　　　　　　××××年12月31日　　　　　　　　企01表　单位:元

资　产	年初余额(略)	期末余额	负债及所有者权益	年初余额(略)	期末余额
流动资产:			流动负债:		
货币资金		495 700	短期借款		109 000
交易性金融资产		74 000	应付票据		36 000
应收票据		26 000	应付账款		131 000
应收股利		—	预收款项		70 000
应收利息		—	应付职工薪酬		116 700
应收账款		130 000	应付股利		—
其他应收款		1 250	应付利息		56 000
预付款项		71 000	应交税费		89 000
应收补贴款		52 000	其他应付款		2 350
存货		487 000	其他流动负债		
流动资产合计		1 336 950	流动负债合计		610 050
非流动资产:			非流动负债:		
长期股权投资		170 000	长期借款		420 000
固定资产		649 000	非流动负债合计		420 000
在建工程		361 000	负债合计		1 030 050
无形资产		23 000	所有者权益:		
非流动资产合计		1 203 000	实收资本(或股本)		1 023 000
			盈余公积		276 500
			未分配利润		210 400
			所有者权益合计		1 509 900
资产总计		2 539 950	负债及所有者权益总计		2 539 950

表 11-9　　　　　　　　　　　　　　　利　润　表

编制单位:A 公司　　　　　　　××××年12月　　　　　　　　　　　　　会企 02 表
　　　　　　　　　　　　　　　　　　　　　　　　　　　　　　　　　　　　　单位:元

项　　目	本月金额	本年累计金额
一、营业收入	527 700	2 998 800
减:营业成本	283 100	954 000
营业税金及附加	17 600	144 800
销售费用	30 400	285 000
管理费用	46 600	542 000
财务费用	28 500	121 000
加:投资收益(损失以"—"号填列)	17 500	56 300
二、营业利润(亏损以"—"号填列)	139 000	1 147 300
加:营业外收入	12 000	34 000
减:营业外支出	7 000	42 300
三、利润总额(亏损总额以"—"号填列)	144 000	1 000 000
减:所得税费用	47 520	330 000
四、净利润(净亏损以"—"号填列)	96 480	670 000

（一）偿债能力比率

企业偿债能力的大小,是衡量企业财务状况好坏的标志之一,是衡量企业运转是否正常,是否能吸引外来资金的重要方法。偿债能力分为短期偿债能力和长期偿债能力。

1. 短期偿债能力

短期偿债能力是指企业用流动资产偿还流动负债的现金保障程度。一个企业的短期偿债能力大小,要看流动资产和流动负债的多少和质量状况。反映企业短期偿债能力的指标常用的有流动比率和速动比率。

1）流动比率。

流动比率是指企业流动资产与流动负债的比率。它是衡量企业用现有的流动资产去偿还到期流动负债的能力。计算公式为:

$$流动比率 = \frac{流动资产}{流动负债}$$

根据表 11-8 计算 A 公司的流动比率如下:

$$流动比率 = \frac{1\,336\,950}{610\,050} = 2.19$$

流动比率越高,企业的偿债能力越强,债权人利益的安全程度也越高。

2）速动比率。

速动比率是指企业速动资产与流动负债的比率。它是衡量企业运用随时可变现的流动资产偿付到期流动负债的能力。计算公式为:

$$速动比率 = \frac{速动资产}{流动负债}$$

速动资产＝流动资产－存货

根据表 11-8 计算 A 公司速动比率如下：

$$速动比率 = \frac{1\ 336\ 950 - 487\ 000}{610\ 050} = 1.39$$

该指标越高，表明企业偿还流动负债的能力越强。

2. 长期偿债能力

长期偿债能力是企业偿还长期债务的现金保障程度。企业的长期债务是指偿还期在 1 年或者超过 1 年的一个营业周期以上的负债，包括长期借款、应付债券、长期应付款等。分析一个企业长期偿债能力，主要是为了确定该企业偿还债务本金和支付债务利息的能力。反映企业长期偿债能力的指标常用的有资产负债率和产权比率。

1）资产负债率。

资产负债率是全部负债总额除以全部资产总额的百分比，也就是负债总额与资产总额的比例关系，也称之为债务比率。资产负债率的计算公式如下：

$$资产负债率 = (负债总额 \div 资产总额) \times 100\%$$

根据表 11-8 计算 A 公司资产负债率如下：

$$资产负债率 = (1\ 030\ 050 \div 2\ 539\ 950) \times 100\% = 40.55\%$$

公式中的负债总额指企业的全部负债，不仅包括流动负债，而且包括非流动负债。公式中的资产总额指企业的全部资产总额，包括流动资产和非流动资产。

资产负债率是衡量企业负债水平及风险程度的重要标志。

一般认为，资产负债率的适宜水平是 40%～60%。对于经营风险比较高的企业，为减少财务风险应选择比较低的资产负债率；对于经营风险低的企业，为增加股东收益应选择比较高的资产负债率。

2）产权比率。

产权比率是负债总额与股东权益总额之间的比率，也称之为债务股权比率。它也是衡量企业长期偿债能力的指标之一。其计算公式如下：

$$产权比率 = (负债总额 \div 所有者权益总额) \times 100\%$$

公式中的"所有者权益"在股份有限公司是指"股东权益"。

根据表 11-8 计算 A 公司产权比率如下：

$$产权比率 = (1\ 030\ 050 \div 1\ 509\ 900) \times 100\% = 68.22\%$$

产权比率只是资产负债率的另一种表示方法，产权比率的分析方法与资产负债率分析类似。资产负债率分析中应注意的问题，在产权比率分析中也应引起注意。比如，将本企业产权比率与其他企业对比时，应注意计算口径是否一致等。

（二）营运能力比率

营运能力比率主要是用于评价企业资产管理效率的。常用的有应收账款周转率和存货周转率。

1. 应收账款周转率

应收账款周转率,也称收款比率,指的是销售净额与应收账款平均余额的比率,它表明年内应收账款转为现金的平均速度,用以反映企业应收账款收回的速度和管理效率。其计算公式为:

$$应收账款周转率(次) = \frac{赊销净额}{平均应收账款余额}$$

$$平均应收账款余额 = \frac{期初应收账款余额 + 期末应收账款余额}{2}$$

$$赊销净额 = 销售收入 - 现销收入 - 销售折扣与折让$$

以上公式中,若无法确认赊销净额时,也可以销售净额代替,即销售收入扣除销售折扣与折让。

应收账款的周转速度可以用周转一次的天数代替每年周转次数,他表示企业从取得应收账款的权利到收回款项、转换为现金所需要的时间。其计算公式为:

$$应收账款周转天数 = \frac{365}{应收账款周转率(次)}$$

假设 A 公司应收账款 20×× 年年末数与年初数相等,2004 年度现销收入 925 300 元,据表 11-8、表 11-9 计算应收账款周转率如下:

$$应收账款周转率(次数) = (2\,897\,600 - 925\,300) \div 130\,000 = 15.17(次)$$

2. 存货周转率

存货周转率指的是企业在某一期间的销货成本同存货平均余额的比率,它反映企业在特定期间存货的周转速度,用以衡量企业销售商品的能力、经营绩效和偿债能力。其计算公式为:

$$存货周转率(次) = \frac{销货成本}{平均存货余额}$$

$$平均存货余额 = \frac{期初存货余额 + 期末存货余额}{2}$$

$$存货周转天数 = \frac{365}{存货周转率(次)}$$

假设 A 公司存货 2004 年年末数与年初数相等,据表 11-8、表 11-9 计算存货周转率如下:

$$存货周转率 = \frac{954\,000}{487\,000} = 1.96(次)$$

(三) 盈利能力比率

盈利能力又称获利能力,是指企业赚取利润的能力,主要用于评价企业获利能力的大小。常用的有销售净利率、净资产报酬率和总资产报酬率。

1. 销售净利率

销售净利率是指净利润与销售收入额的比率。其计算公式为:

$$销售净利率=\frac{净利润}{销售收入额}\times100\%$$

根据表 11-9 计算 A 公司销售净利率如下：

$$销售净利率=(670\,000\div2\,897\,600)\times100\%=23.12\%$$

2. 净资产报酬率

净资产报酬率也称所有者权益报酬率，指净利润与净资产的比率，它是反映企业获利能力的一个重要指标。其计算公式为：

$$净资产报酬率=\frac{净利润}{净资产平均余额}\times100\%$$

$$净资产平均余额=\frac{期初净资产余额+期末净资产余额}{2}$$

假设 A 公司期末净资产与期初净资产相等，根据表 11-8、表 11-9 计算净资产报酬率如下：

$$净资产报酬率=\frac{670\,000}{1\,509\,900}\times100\%=44.37\%$$

3. 总资产报酬率

总资产报酬率是指净利润与平均资产总额的比率，用以反映企业运用全部资产的获利能力。其计算公式为：

$$总资产报酬率=\frac{净利润}{平均资产总额}\times100\%$$

$$平均资产总额=\frac{期初资产总额+期末资产总额}{2}$$

假设 A 公司期末总资产与期初总资产相等，根据表 11-8、表 11-9 计算总资产报酬率如下：

$$总资产报酬率=\frac{670\,000}{2\,539\,950}\times100\%=26.38\%$$

复习思考题

1. 说明财务报告的作用。财务报告的内容是什么？
2. 主要的财务报表是什么？它们的附表是什么？
3. 说明资产负债表的作用和结构。
4. 说明利润表的作用及结构。
5. 说明现金流量表的作用及结构。现金流量表的编制方法有哪些？
6. 会计报表附注的内容有哪些？
7. 财务情况说明书包括哪些内容？
8. 偿债能力分析、营运能力分析和盈利能力分析常使用哪些指标？

第十二章 会计档案和会计工作组织

会计档案是企事业单位最主要和最重要的档案资料之一,它包含单位的各种商业秘密,其保管和查阅必须严格按有关规定执行。

会计工作组织是完成会计工作任务,提供高质量会计信息的保证,各单位必须依法依规设置会计机构和配备会计人员。

第一节 会计档案

一、会计档案的概念和特点

会计档案,是企事业单位和机关团体在经济管理和各项会计核算活动中直接形成的,作为历史记录保存下来的会计凭证、会计账簿和会计报表等材料。它是记录和反映经济业务、财务收支状况及其结果的重要史料和证据,是国家全部档案的重要组成部分。

会计档案的特点是以数字为主要内容,客观记录、反映历史,它具有如下特点。

(1) 专业性强。会计核算是会计特有的专门手段,从凭证、账簿到报表,有一整套科学的、完整的核算方法和核算程序,这种与一般档案不同的特殊内容、专门手段,使会计档案具有较强的专业性。

(2) 会计档案面广量多,凡有经济、财务活动的地方,都有数量不等的会计档案。

(3) 会计档案的共性突出,会计工作遍布社会的各个角落,但各个门类会计的基本核算方法是相同的,都会形成会计凭证、会计账簿、会计报表。

(4) 会计档案是相互制约,密切联系的,会计核算中,首先有会计凭证,然后依据会计凭证登记会计账簿,最后根据账簿编制会计报表。环环相扣,密切联系。

(5) 会计档案形式特殊,会计凭证、账簿和报表都有特定的统一格式和项目,与一般文件不同,因此会计档案的装订、保管也有一定的特殊性。

二、会计档案管理的要求

各单位每年形成的会计档案,应当由会计机构按照归档要求,负责整理立卷,装订成册,编制会计档案保管清册。当年形成的会计档案,在会计年度终了后,可暂由会计机构保管一年,期满之后,应当由会计机构编制移交清册,移交本单位档案机构统一保管;未设立档案机构的,应当在会计机构内部指定专人保管。出纳人员不得兼管会计档案。移交本单位档案机构保管的会计档案,原则上应当保持原卷册的封装。个别需要拆封重新整理的,档案机构应当会同会计机构和经办人员共同拆封整理,以分清责任。

各单位保存的会计档案不得借出。如有特殊需要,经本单位负责人批准,可以提供查阅或者复制,并办理登记手续。查阅或者复制会计档案的人员,严禁在会计档案上涂画、拆封和抽换。各单位应当建立健全会计档案查阅、复制登记制度。

会计档案的保管期限分为永久、定期两类。定期保管期限分为3年、5年、10年、15年、25年5类。会计档案的保管期限,从会计年度终了后的第一天算起。

保管期满的会计档案,可以按照以下程序销毁:

(1) 由本单位档案机构会同会计机构提出销毁意见,编制会计档案销毁清册,列明销毁会计档案的名称、卷号、册数、起止年度和档案编号、应保管期限、已保管期限、销毁时间等内容。

(2) 单位负责人在会计档案销毁清册上签署意见。

(3) 销毁会计档案时,应当由档案机构和会计机构共同派员监销。国家机关销毁会计档案时,应当由同级财政部门、审计部门派员参加监销。财政部门销毁会计档案时,应当由同级审计部门派员参加监销。

(4) 监销人在销毁会计档案前,应当按照会计档案销毁清册所列内容清点核对所要销毁的会计档案。销毁后,应当在会计档案销毁清册上签名盖章,并将监销情况报告本单位负责人。

但是,如下情形除外:①保管期满但未结清的债权债务原始凭证和涉及其他未了事项的原始凭证,不得销毁,应当单独抽出立卷,保管到未了事项完结时为止。单独抽出立卷的会计档案,应当在会计档案销毁清册和会计档案保管清册中列明。②正在项目建设期间的建设单位,其保管期满的会计档案不得销毁。

采用电子计算机进行会计核算的单位,应当保存打印出的纸质会计档案。具备采用磁带、磁盘、光盘、微缩胶片等磁性介质保存会计档案条件的,由国务院业务主管部门统一规定,并报财政部、国家档案局备案。

单位因撤销、解散、破产或者其他原因而终止的,在终止和办理注销登记手续之前形成的会计档案,应当由终止单位的业务主管部门或财产所有者代管或移交有关档案馆代管,法律、行政法规另有规定的,从其规定。

单位分立后原单位存续的,其会计档案应当由分立后的存续方统一保管,其他方可查阅、复制与其业务相关的会计档案;单位分立后原单位解散的,其会计档案应当经各方协商后由其中一方代管或移交档案馆代管,各方可查阅、复制与其业务相关的会计档案。单位分立中未结清的会计事项所涉及的原始凭证,应当单独抽出由业务相关方保存,并按规定办理交接手续。

依据国家档案局、财政部1999年1月1日起执行的《会计档案管理办法》中的规定,我国企事业单位会计档案保管期限分别如表 12-1 和表 12-2 所示。

表 12-1　　　　　　　　企业和其他组织会计档案保管期限表

序号	档案名称	保管期限	备注
一	会计凭证类		
1	原始凭证	15 年	
2	记账凭证	15 年	
3	汇总凭证	15 年	
二	会计账簿类		
4	总账	15 年	包括日记账
5	明细账	15 年	
6	日记账	15 年	现金和银行存款日记账保管 25 年
7	固定资产卡片		固定资产报废清理后保管 5 年
8	辅助账簿	15 年	
三	财务报告类		包括各级主管部门汇总财务报告
9	月、季度财务报告	3 年	包括文字分析
10	年度财务报告(决算)	永久	包括文字分析
四	其他类		
11	会计移交清册	15 年	
12	会计档案保管清册	永久	
13	会计档案销毁清册	永久	
14	银行余额调节表	5 年	
15	银行对账单	5 年	

表 12-2　　　财政总预算、行政单位、事业单位的税收会计档案保管期限表

序号	档案名称	保管期限			备注
		财政总预算	行政单位事业单位	税收会计	
一	会计凭证类				
1	国家金库编送的各种报表及缴库退库凭证	10 年		10 年	
2	各收入机关编送的报表	10 年			
3	行政单位和事业单位的各种会计凭证		15 年		包括原始凭证、记账凭证和传票汇总表

(续表)

序号	档案名称	保管期限			备注
		财政总预算	行政单位事业单位	税收会计	
4	各种完税凭证和缴、退库凭证			15年	缴款书存根联在销号后保管2年
5	财政总预算拨款凭证及其他会计凭证	15年			包括拨款凭证和其他会计凭证
6	农牧业税结算凭证			15年	
二	会计账簿类				
7	日记账		15年	15年	
8	总账	15年	15年	15年	
9	税收日记账(总账)和税收票证分类出纳账			25年	
10	明细分类、分户账或登记簿	15年	15年	15年	
11	现金出纳账、银行存款账		25年	25年	
12	行政单位和事业单位固定资产明细账(卡片)				行政单位和事业单位固定资产报废清理后保管5年
三	财务报告类				
13	财政总预算	永久			
14	行政单位和事业单位决算	10年	永久		
15	税收年报(决算)	10年		永久	
16	国家金库年报(决算)	10年			
17	基本建设拨、贷款年报(决算)	10年			
18	财政总预算会计旬报	3年			所属单位报送保管的2年
19	财政总预算会计月、季度报表	5年			所属单位报送的保管2年
20	行政单位和事业单位会计月、季度报表	5年			所属单位报送的保管2年
21	税收会计报表(包括票证报表)			10年	电报保管1年,所属税务机关报送的保管3年
四	其他类				
22	会计移交清册	15年	15年	15年	
23	会计档案保管清册	永久	永久	永久	
24	会计档案销毁清册	永久	永久	永久	

第二节 会计工作组织

一、会计机构

1. 会计机构的含义

会计机构是办理会计事务的职能机构,包括国家会计管理部门和各个单位内部设立的会计机构。建立健全会计机构,配备与工作要求相适应的、具有一定素质和数量的会计人员,是做好会计工作的重要保障。

2. 会计机构的设置

根据我国《会计法》的规定,各个单位应当根据会计业务的需要,设置会计机构。一般来说,大中型企业和具有一定规模的事业、行政单位,以及财务收支数额较大、会计业务较多的社会团体和其他经济组织,应单独设置会计机构,统一办理会计业务,可称为会计部、处、科、股或组等;对于财务收支数额不大、会计业务比较简单的企业、机关、团体、事业等不具备单独设置会计机构的单位,可以在有关机构中配备专职会计人员;对于不具备设置会计机构的单位,应委托经批准设立从事会计代理记账业务的中介机构代理记账。

3. 会计工作岗位设置

会计工作岗位是一个单位会计机构内部根据业务分工而设置的职能岗位。会计岗位一般分为:会计机构负责人或者会计主管人员、出纳、财产物资核算、工资核算、成本费用核算、财务成果核算、资金核算、往来核算、总账报表、稽核和档案管理等。开展会计电算化和管理会计的单位,可以根据需要设置相应的工作岗位,也可以与其他工作岗位相结合。

二、会计人员

会计人员是直接从事会计工作的人员,包括单位财务会计负责人、会计机构负责人和具体从事会计业务的工作人员。建立健全会计机构,配备好会计人员,是各单位做好会计工作,充分发挥会计职能作用的重要保证。

(一)会计人员从业资格

我国《会计法》规定,从事会计工作的人员,必须取得会计从业资格证书。会计从业资格证书,是证明能够从事会计工作的合法凭证。凡是从事会计工作的会计人员,必须取得会计从业资格证书,才能从事会计工作。会计从业资格证书一经取得,则全国范围内有效。

取得会计从业资格的基本条件是:坚持原则,具备良好的职业道德;遵守国家财经和会计法律、法规、规章制度;具备一定的会计专业知识和技能;身体健康,胜任本职工作。具备大专以上会计专业学历的人员,同时符合基本条件的,可直接获得从业资格。

对于不具备大专以上会计专业学历的人员,要从事会计工作,必须通过考试取得会计从业资格。

对会计从业资格证书实行注册登记和年检制度。依据注册登记制度的要求,会计人员因离退、解聘、停薪留职、辞职等原因离开单位的,应由本人或所在单位在30日内向原发证机关申请备案。离岗后又重新从事会计工作的,应由本人或所在单位立即到单位所在地财政部门或中央主管部门进行注册登记,接受管理。依据年检制度的要求,会计从业资格证一般一年年检一次,对于不参加年检,又无正当理由的,将给予一定的处分,直至取消会计从业资格,吊销其会计从业资格证书。

根据我国《会计法》规定,会计人员有下列情形之一,情节严重的,由县级以上人民政府财政部门吊销会计从业资格证书,5年内不得重新取得会计从业资格证书:

(1) 会计人员被动地受单位领导指使弄虚作假,没有造成严重后果,且本人认罪态度较好,有悔改行为的。

(2) 连续几年无正当理由不参加会计人员继续教育的。

(3) 不依法设置或私设会计账簿的。

(4) 未按规定填制、取得原始凭证或者填制、取得的原始凭证不符合规定的;以未经审核的会计凭证为依据登记会计账簿或者登记会计账簿不符合规定的。

(5) 随意变更会计处理方法的,向不同的会计资料使用者提供的财务会计报告编制依据不一致的。

(6) 未按照规定使用会计记录文字或者记账本位币的。

(7) 拒绝依法实施的监督或者隐匿、谎报有关情况等。

(二) 会计机构负责人的任职资格

《会计法》和《会计基础工作规范》规定了会计机构负责人(会计主管人员)应具备的任职资格和条件,主要内容如下。

1. 政治素质

能遵纪守法,坚持原则,廉洁奉公,具备良好的职业道德。

2. 专业技术资格条件

《会计法》规定,担任单位会计机构负责人(会计主管人员)的,除取得会计从业资格证书外,还应当具备会计师以上专业技术职务资格,否则应具有从事会计工作3年以上经历。

3. 政策业务水平

要求熟悉国家财经法律、法规、规章制度,掌握财务会计理论及本行业业务的管理知识。

4. 组织能力

要求应具备一定的领导才能和组织能力。

5. 身体条件

要求必须有较好的身体状况,能适应和胜任本职工作。

(三) 总会计师的设置

总会计师是在单位负责人领导下,主管经济核算和财务会计工作的负责人。在新中国成立初期,我国就借鉴苏联的经验,在一些大、中型国有企业实行了总会计师制度。国家曾先后多次制定有关实施总会计师制度的规定、条例,不断推动我国总会计师制度的完善与发展。新的《会计法》对设置总会计师的范围又作了新的规定。

1. 总会计师的设置范围

新修订的我国《会计法》适应国有企业改革的要求,吸收国有企业改革的成功经验,规定"国有的和国有资产占控股地位或者主导地位的大、中型企业必须设置总会计师"。之所以规定国有的和国有资产占控股地位或者主导地位的大、中型企业必须设置总会计师,目的在于通过总会计师的设置,以完善法人治理结构,发挥会计的职能作用,加强企业的财务管理,保护所有者权益。

国有大、中型企业以外的其他单位可以根据业务需要,视情况自行决定是否设置总会计师。

2. 总会计师的地位和任职条件

1990年12月国务院发布的《总会计师条例》明确规定了总会计师的地位,指出总会计师是单位领导成员,协助单位负责人工作,直接对单位负责人负责。总会计师作为单位财务会计工作的主要负责人,全面负责本单位的财务会计管理和经济核算,参与本单位的重大经营决策活动。为了保障总会计师的职权,《总会计师条例》还规定,凡设置总会计师的单位不能再设置与总会计师职责重叠的副职。

按照《总会计师条例》的规定,担任总会计师,应具备以下条件:一是坚持社会主义方向,积极为社会主义市场经济建设和改革开放服务;二是坚持原则、廉洁奉公;三是取得会计师专业技术资格后,主管一个单位或者单位内部一个重要方面的财务会计工作的时间不少于3年;四是要有较高的理论政策水平,熟悉国家财经纪律、法规、方针和政策,掌握现代化管理的有关知识;五是具备本行业的基本业务知识,熟悉行业情况,有较强的组织领导能力;六是身体健康,胜任本职工作。

3. 总会计师的职责和权限

根据《总会计师条例》的规定,总会计师的职责主要包括两个方面:一是由总会计师负责组织的工作。包括编制和执行预算、财务收支计划、信贷计划,拟订资金筹措和使用方案,开辟财源,有效地使用资金;建立健全经济核算制度,强化成本管理,进行经济分析,精打细算,提高经济效益;负责本单位财务会计机构的设置和会计人员的配备,组织对会计人员进行业务培训和考核;支持会计人员依法行使职权等。二是由总会计师协助、参与的工作。主要有:协助单位负责人对本单位的生产经营和业务管理等问题作出决策;参与新产品开发、技术改造、科学研究、商品(劳务)价格和工资、资金方案的制定;参与重大经济合同和经济协议的研究、审查。

关于总会计师的职权,《总会计师条例》具体规定为:一是对违法违纪问题的制止和纠正权。即对违反国家财经纪律、法规、方针、政策、制度和有可能在经济上造成损失、浪费的行为,有权制止和纠正;制止或者纠正无效时,提请单位负责人处理。二是建立健全单位经济核算的组织指挥权。三是对单位财务收支具有审批签署权。四是有对本单位会计人员的管理权,包括本单位会计机构设置、会计人员配备、继续教育、考核、奖惩等。

（四）会计人员继续教育

为了促进我国会计工作水平的提高,根据《会计法》和《会计从业资格管理办法》的规定,我们已初步形成与社会主义市场经济要求相适应的会计人员继续教育制度。依据 2006 年 11 月 20 日财政部发布的《会计人员继续教育暂行规定》,我国的会计人员继续教育工作主要包括以下几项内容。

1. 会计人员继续教育的对象及层次

根据规定,会计人员继续教育的对象为在职会计人员,具体包括在国家机关、社会团体、企业、事业单位和其他组织从事会计工作并已取得会计从业资格的会计人员。会计人员继续教育分为高级、中级、初级三个级别,即高级会计人员继续教育、中级会计人员继续教育和初级会计人员继续教育。高级会计人员继续教育的对象包括已取得或受聘高级会计专业技术资格(职称)及具备相当水平的会计人员;中级会计人员继续教育的对象包括已取得或受聘中级会计专业技术资格(职称)及具备相当水平的会计人员;初级会计人员继续教育的对象包括已取得或受聘初级会计专业技术资格(职称)和已取得会计从业资格证书,但未取得或受聘初级会计专业技术资格(职称)的会计人员。

2. 会计人员继续教育的内容和形式

会计人员继续教育内容应坚持联系实际、讲求实效、学以致用的原则。主要内容包括:会计理论与实务;财务、会计法规制度;会计职业道德规范;其他相关知识;其他相关法规制度。

会计人员继续教育包括接受培训和自学两种形式。培训形式包括:财政部门会计管理机构组织的培训;财政部门会计管理机构批准设立的培训点举办的培训;省级以上业务主管部门举办的业务培训;正在普通院校或成人院校接受国家承认的会计专业学历教育;财政部门会计管理机构认可的其他形式。自学形式包括:部门或单位自行组织的业务学习、岗位培训;承担会计专业课题研究,并取得研究成果;参加上一级别会计专业技术资格考试;财政部门会计管理机构认可的其他形式。

3. 会计人员继续教育的时间

高级会计人员继续教育和中级会计人员继续教育的时间每年累计不少于 68 小时,其中接受培训时间每年累计不少于 20 小时,自学时间每年累计不少于 48 小时。初级会计人员继续教育的时间每年累计不少于 72 小时,其中接受培训时间每年累计不少于 24 小时,自学时间每年累计不少于 48 小时。

承担会计专业课题研究、参加上一级别会计专业技术资格考试等自学形式需要折算自学小时的折算方法,由各省、自治区、直辖市、计划单列市财政部门会计管理机构制定。

会计人员因年度内在境外工作超过 6 个月或年度内病假超过 6 个月,以及因生育或其他原因而不能完成年度继续教育的,由会计人员个人提出书面申请,单位证明,经财政部门会计管理机构审核批准后,其未完成的继续教育时间可以顺延,在下一年度一并完成规定的继续教育时间。

4. 对会计人员继续教育的检查与考核

会计人员如果未按规定参加继续教育,又无正当理由的,财政部门会计管理机构及会计人员所在单位应督促其接受继续教育。年度内未按继续教育或未按有关规定完成继续教育时间的会计人员,如无正当理由的,予以警告。连续2年未接受继续教育或连续2年未按有关规定完成继续教育时间的会计人员,不予办理会计从业资格证年检,不得参加上一档次会计专业技术资格考试或高级会计师资格评审,不得参加先进会计工作者评选,财政部门不予颁发会计人员荣誉证书;会计人员所在单位负有责任的,其单位不得申请会计基础工作规范化资格。连续3年未接受继续教育或连续3年未按有关规定完成继续教育时间的会计人员,由省级财政部门作出或建议作出取消其会计从业资格证书、会计专业技术资格(职称)、会计人员所在单位会计基础工作规范化证书的决定。

因上述理由被取消会计从业资格证书、会计专业技术资格(职称)、会计基础工作规范化证书的会计人员和单位,两年内(含两年)不得重新参加会计从业资格证书考试、会计专业技术资格(职称)考试或评审、申请会计基础工作规范化资格。如在2年后想重新获得会计从业资格证书、会计专业技术资格(职称)、会计基础工作规范化证书,须经省级财政部门批准后才能重新参加会计从业资格证书、会计专业技术资格(职称)考试(评审)或申请会计基础工作规范化资格。

(五) 会计人员工作交接

我国《会计法》对会计人员工作交接问题作出了明确规定,要求"会计人员调动工作或者离职,必须与接管人员办清交接手续。"

1. 履行会计人员工作交接手续的意义

会计人员调动工作或者离职时,与接管人员办清交接手续,是会计人员应尽的职责,也是做好会计工作的基本要求。

(1) 做好会计交接工作,可以保证会计工作的连续性。会计工作是一个不间断的连续过程,会计人员离任,通过办理工作交接手续,可以保证会计工作的连续性,保证会计工作的顺利进行。

(2) 做好会计交接工作,可以防止因会计人员变动而发生业务不清、工作混乱的现象。会计工作交接既要做到账目本身清楚,又要做到交接清楚,从而可以防止账目不清、工作混乱现象的发生,也有利于发现工作中的弊端。

(3) 进行会计交接工作,是划清移交与接交方各自责任的有效措施。会计工作交接,按规定必须进行账目核对、财产清查等工作,因而出现问题可以划清移交人员和接管人员的责任。

2. 需要办理会计工作交接的情形

依据《会计法》的规定,会计人员在调动工作或离职时必须办理会计工作交接。依据《会计基础工作规范》的规定,除以上情况需要办理会计工作交接外,会计人员在临时离职或因其他原因暂时不能工作时,也应办理会计工作交接。

3. 会计交接工作的基本程序

会计交接工作大致可分为交接前准备、移交点收与监交、移交点收后事项处理三个阶段。

1）交接前准备工作。

会计人员办理移交手续前，必须及时做好以下工作：

（1）已经受理的经济业务尚未填制会计凭证的，应当填制完毕。

（2）尚未登记的账目，应当登记完毕，并在最后一笔余额后加盖经办人员印章。

（3）整理应该移交的各项资料，对未了事项写出书面材料。

（4）编制移交清册，列明应当移交的会计凭证、会计账簿、会计报表、印章、现金、有价证券、支票簿、发票、文件、其他会计资料和物品等内容；实行会计电算化的单位，从事该项工作的移交人员还应当在移交清册中列明会计软件及密码、会计软件数据磁盘（磁带等）及有关资料、实物等内容。

2）移交点收与监交。

（1）移交点收。移交人员在办理移交时，要按移交清册逐项移交；接替人员要逐项核对点收：

① 现金、有价证券要根据会计账簿有关记录进行点交存现金，有价证券必须与会计账簿记录保持一致。不一致时移交人员必须在规定期限内查清。

② 会计凭证、会计账簿、会计报表和其他资料必须完整无缺。如有短缺，必须查清原因，并在移交清册中注明，由移交人员负责。

③ 银行存款账户余额要与银行对账单核对，如不一致，应当编制银行存款余额调节表调节相符，各种财产物资和债权债务的明细账户余额与总账有关账户余额核对相符；必要时，要抽查个别账户的余额，与实物核对相符，或者与往来单位、个人核对清楚。

④ 移交人员经管的票据、印章和其他实物等，必须交接清楚；移交人员从事会计电算化工作的，要对有关电子数据在实际操作状态下进行交接。

⑤ 会计机构负责人、会计主管人员移交时，还必须将全部财务会计工作，重大财务收支和会计人员的情况等，向接替人员详细介绍。对需要移交的遗留问题，应当写出书面材料。

还需要说明的是，会计人员临时离职或者因病不能工作且需要接替或者代理的，必须由有关负责人指定有关人员接替或者代理，并办理交接手续。移交人员因病或者其他特殊原因不能亲自办理移交的，经单位领导人批准，可由移交人员委托他人代办移交，但委托人应当对所移交的会计凭证、会计账簿、会计报表和其他有关资料的合法性、真实性承担法律责任。

（2）专人监交。为了明确责任，会计人员办理工作交接时，必须有专人负责监交。一般会计人员交接，由单位会计机构负责人、会计主管人员负责监交；会计机构负责人、会计主管人员交接，由单位领导人负责监交，必要时可由上级主管部门派人会同监交。

3）移交点收后事项处理。

移交点收有关财物、会计资料后，交接双方和监交人员要在移交清册上签名或者盖章，并应在移交清册上注明：单位名称、交接日期，交接双方和监交人员的职务、姓名，移交清册页数以及需要说明的问题和意见等。

移交清册一般应当填制一式三份,交换双方各执一份,存档一份。接替人员应当继续使用移交的会计账簿,不得自行另立新账,以保持会计记录的连续性。移交人员对所移交的会计凭证、会计账簿、会计报表和其他有关资料的合法性、真实性承担法律责任。

三、会计人员职业道德

（一）会计人员职业道德的内容

按照《会计基础工作规范》的规定,会计人员职业道德的内容主要包括以下几方面：

(1) 爱岗敬业。会计人员应当热爱本职工作,努力钻研业务,使自己的知识和技能适应所从事工作的要求。

(2) 熟悉法规。会计人员应当熟悉财经法律、法规、规章和国家统一会计制度,并结合会计工作进行广泛宣传。

(3) 依法办事。会计人员应当按照会计法律、法规和统一会计制度规定的程序和要求进行会计工作,保证所提供的会计信息合法、真实、准确、及时、完整。

(4) 客观公正。会计人员办理会计事务应当实事求是、客观公正。

(5) 搞好服务。会计人员应当熟悉本单位的生产经营和业务管理情况,运用掌握的会计信息和会计方法,为改善单位内部管理、提高经济效益服务。

(6) 保守秘密。会计人员应当保守本单位的商业秘密。除法律规定和单位领导人同意外,不能私自向外界提供或者泄露单位的会计信息。

会计人员在会计工作中应当遵守职业道德,树立良好的职业品格、严谨的工作作风,严守工作纪律,努力提高工作效率和工作质量。

财政部门、业务主管部门和各单位应当定期检查会计人员遵守职业道德的情况,并作为会计人员晋升、晋级、聘任专业职务、表彰奖励的重要考核依据。会计人员违反职业道德的,由所在单位进行处罚;情节严重的,由会计从业资格证书发证机关吊销其会计从业资格证书。

（二）会计职业道德检查与奖惩机制的建立

会计职业道德检查与奖惩机制的建立是一个复杂的系统工程,需要政府部门、行业组织、有关单位的积极参与,需要运用经济、法律、行政、自律等综合治理手段予以实现。

1. 财政部门对会计职业道德进行监督检查

财政部门对会计职业道德进行监督检查的途径主要有：

(1) 将会计法执法检查与会计职业道德检查相结合。财政部门作为我国《会计法》的执法主体,可以依法对社会各单位执行会计法律制度情况及会计信息质量进行不同形式的检查或抽查。通过检查,一方面督促各单位严格执行会计法律法规,另一方面也是对各单位会计人员遵守会计职业道德情况的检查和检验。检查中发现的会计人员违反《会计法》的行为,同时也一定是违反会计职业道德的行为,会计人员不仅要承担《会计法》规定的法律责任,受到相应的行政处罚或刑事处罚,同时还必须接受相应的道德制裁。道德制裁可以采取在会计行业范围内通报批评、指令其参加一定学时的继续教育课程、暂停从业资格、在行业内部的公开刊物上曝光等。法律惩罚和道德惩罚两者并行不悖、不可替代,应同时并举。

(2) 将会计从业资格证书注册登记管理与会计职业道德检查相结合。我国《会计法》、《会计从业资格管理办法》和《会计基础工作规范》均规定会计人员必须遵守会计职业道德,而且会计人员遵守会计职业道德的情况还是会计从业资格证书注册登记管理的重要内容。检查的方式包括:

① 考核评价方式:即将会计职业道德分为若干项目,通过一定的组织形式和组织程序,对会计人员的道德行为进行百分制考核。考核的形式有自检、互检、明检、暗检等。

② 建立持证人员诚信档案:通过会计人员信息管理系统,将会计人员执行会计法规制度和会计职业道德的情况,以及受到的奖惩情况记录在案,形成会计人员的诚信档案,不仅作为财政部门监管会计人员的依据,也可以向用人单位和社会公众开放,从而督促、约束、激励会计人员严格自律,认真执行会计职业道德规范。

(3) 将会计专业技术资格考评、聘用与会计职业道德检查相结合。我国《会计专业技术资格考试暂行规定》及其实施办法规定,报考初级资格、中级资格的人员,应"坚持原则,具备良好的职业道德品质"。经审查发现有不遵循会计职业道德记录的报考人员,考试管理机构应取消其报名资格;高级会计师的考评不仅关注申报人员的学历条件、工作成绩及专业水平,会计职业道德考评也是一个重要内容,考评的主要方式有:一是在考试时增加职业道德方面的内容,二是在评审方面要对申报人的会计职业道德情况严格审查,三是规定一些关于会计职业道德规范的否决条款。

2. 会计行业组织对会计职业道德进行自律管理与约束

对于尚未违反会计法律制度,但违反会计职业道德的行为,在会计行业自律组织比较健全的情况下,可以由职业团体通过自律性监管,根据情节轻重程度采取通报批评、罚款、支付费用、取消其会员资格、警告、退回向客户收取的费用、参加后续教育等方式,对违反会计职业道德规范的行为进行相应的惩罚。

3. 依据会计法等法律法规,建立激励机制,对会计人员遵守职业道德情况进行考核和奖惩

《会计法》规定:"对认真执行本法,忠于职守,坚持原则,做出显著成绩的会计人员,给予精神的或者物质的奖励。"因此,会计职业道德规范的贯彻与实施,既要对违反会计职业道德的行为进行惩戒,同时又要对自觉遵守会计职业道德规范的先进单位和先进个人进行表彰。对会计人员的表彰奖励应注意将物质奖励和精神激励有机结合起来,具体可以采用给予一定数额奖金、晋升工资、授予荣誉称号(先进财会工作集体、先进会计工作者)、颁发荣誉证书等方式,并通过公开刊物等大众媒体予以广泛宣传。

4. 会计人员违反职业道德,情节严重的,由财政部门吊销其会计从业资格证书

《会计从业资格管理办法》规定:

(1) 参加会计从业资格考试舞弊的,由会计从业资格管理机构取消其该科目的考试成绩;情节严重的,取消其全部考试成绩。

(2) 用假学历、假证书等手段得以免试考试科目并取得会计从业资格证书的,由会计从业资格管理部门撤销其会计从业资格。

（3）持证人员未按照本办法规定办理注册、调转登记的，会计从业资格管理机构责令其限期改正；逾期不改正的，予以公告。

（4）持证人员有《会计法》第四十二条、第四十三条、第四十四条所列违法违纪情形之一的，由会计从业资格管理机构按照《会计法》的规定予以处理并向社会公告。

复习思考题

1. 组织会计工作的意义和要求有哪些？
2. 会计法、会计准则的基本内容是什么？
3. 何谓会计档案？
4. 总会计师的任职条件是什么？总会计师的职责是什么？
5. 会计交接工作的基本程序有哪些？
6. 会计人员应遵守哪些职业道德？